研究シリーズ No.5

スリランカにおける仏教ソーシャルワーク

仏教ソーシャルワークの探求

監修
郷堀 ヨゼフ

編者
東田 全央

オーマルペー・ソーマーナンダ
H.M.D.R. ヘラ
アヌラダ・ウィクラマシンハ
ペピリヤーワラ・ナーラダ
バムヌガマ・シャーンタウィマラ

淑徳大学アジア国際社会福祉研究所
ARIISW（Asian Research Institute for International Social Work）

学文社
2021

刊行に寄せて

アジア国際社会福祉研究所最高顧問

長谷川　匡俊

　ベトナム国立社会人文科学大学（ハノイ校）との共同研究に始まる，この間の東南アジアを中心とした国々との学術交流を通して，当方にもたらされる各国の調査報告の情報は大づかみで，かつ限定的なものではありますが，次のような印象を強く受けています。

　それは，今，現に仏教がより多くの国民の生活とコミュニティーの深部に息づいているとの感触であり，その中核的な役割を寺院や僧侶が担っているのです。別の言い方をすれば，仏教が，人びとの世界観，生命観，人間観，死生観，そして価値や倫理等に至るまで根底的に規定しているということでしょう。では，その仏教とは何ものかが問われねばなりませんが，それはひとまず措くとします。

　もしもこのような私の受けとめ方にそれほど大きな誤りがないとすれば，それに比して日本の場合はどうでしょうか。ここで私は，家庭と地域の環境にまつわる，興味深い例を取り上げてみようと思います。まず家庭です。かつて（第二次世界大戦前まで）我が国では，「家に三声ありて，その家栄ゆ」という言葉が一定の意味をもっていました。一つに老人が唱える読経の声，二つに母親が台所で炊事をしながら子どもをあやしたり叱ったりする声，三つに児童の朗読（音読）の声であり，この三声が聞こえてくる家は栄えるとされていたのです。ところがどうでしょうか，今やいずれも少数派になってしまいました。理由は省きますが，宗教的環境といったところでは，読経の声が聞こえなくなり，仏壇や神棚を中心とした家庭生活は，すでに成り立たなくなってきています。

　つぎに，地域社会の環境について考えてみましょう。これは私の造語ですが，先の「家に三声あり」になぞらえて，「地に三声あり」と言おうと思います。

一つは祭礼行事の際の鐘や太鼓，経文，祝詞の声，二つには共同作業における労働の歌声（その典型が民謡），三つには自治的な異年齢集団から構成される子ども組の遊びの声です。これらの三声も，高度経済成長期以降の村共同体の解体によって，多くは過去のものとなってしまいました。かつて，共同体の精神的な紐帯を成し，郷土における伝統や文化を守り続けてきた寺社の役割も変化してきています。

このようにみてくると，生命観，人間観（対象者観），社会観，ケア観，方法論等を含む「仏教ソーシャルワーク」の理念型は別として，同じアジア圏にあっても，人びとの生活に仏教（寺院・僧侶を含む）がどれだけ浸透しているのか，その程度やありようが，各国の「仏教ソーシャルワーク」の質や性格を規定するのかもしれません。たとえば，「ソーシャルワーク」と宗教活動との関係，宗教的な目覚めや救いと「ソーシャルワーク」の関係，「ソーシャルワーク」における公私のすみ分けと人々の受け止め方，「公的ソーシャルワーク」と「仏教ソーシャルワーク」の関係（オーバーラップしている要素を含めて）なども問われてくるのではないでしょうか。

さて，淑徳大学では，平成27年度から5カ年にわたる「アジアのソーシャルワークにおける仏教の可能性に関する総合的研究」が，私立大学戦略的研究基盤形成支援事業に採択されました。これにより従来の国際共同研究の枠を広げ，活発な調査研究と学術交流を展開しております。本書の内容はその貴重な成果の一つです。アジア国際社会福祉研究所の秋元樹所長をはじめ研究スタッフ一同のご尽力，そして本研究と執筆にご協力いただいた各国研究者の皆様とすべての関係者に深く敬意と感謝の意を表する次第です。

本書は日本語版で，国内の仏教およびソーシャルワークの研究者向けではありますが，別に英語版も刊行されていますので，併せてより多くの皆様にご活用いただければ幸いです。願わくは，仏教をベースとしたアジア型「ソーシャルワーク」の構築に向けて。

合掌

日本語版刊行に寄せて

　スリランカは人口の約 7 割が仏教徒で構成される仏教国である。憲法は「ス
リランカ共和国は仏教に第 1 の地位を与え，従って，仏教を保護し，育成する
ことを国家の義務とするが，すべての宗教に 10 条および 14 条第 2 項 (e) によ
り与えられる権利を保障する。」(第 II 部第 9 条)，第 10 条は「すべての人は
…… 宗教の自由をもつ。これには自らが選択する宗教あるいは信仰を持ち，
信ずる (adopt) 自由を含む。」とし，第 14 条は「(1) すべての市民は…… (e)
宗教あるいは信仰を表明し…… 信じ，守り，実践し，教える自由を有する。」
とする。

　スリランカの主流の仏教は上座部仏教である。外部の人々は，上座部の僧侶
は自らの悟りを開くことに主たる関心を持ち，世俗の社会サービス活動には関
心を持たないと思っているかもしれないが，事実はこれとは異なる。スリラン
カの僧侶には「森の僧侶」と「村の僧侶」がいるといわれ，後者の僧侶は日々，
村の人々に仕え，世俗的活動に非常に深くかつ広く従事している。仏教寺院は
常に村の生活の中心であり，かつ多様な機能を果たしている。

　スリランカでは仏教が国に入ってきた初期，紀元前 3 世紀においてさえ，す
でに立派な病院がつくられ，運営されていた。今日では，多くの寺院，僧侶，
尼僧が様々なソーシャルワークを実践している。その範囲は相談・カウンセリ
ング，医療，教育，児童・高齢者・障害者の施設，災害被災者の救済から病人
や患者への自らの腎臓提供にまで及ぶ。病院，学校，道路，橋の建設といった
コミュニティ開発・社会開発事業もまた，しばしば彼らの「ソーシャルワーク」
の一部である。優れた実践例 (good practices) を挙げるのは容易であるが，そ
れらのスリランカ社会における一般的代表性はどうか。これを知るために行わ
れたアヌラーダプラ県とポロンナルワ県における悉皆的調査は，ほぼすべての
寺院でそれらの活動に従事している一人以上の僧侶または尼僧がいるというこ
とを見出した。他のアジア仏教国と同様，スリランカの僧侶は「ソーシャル

ワーク」という言葉を過去においても，現在にあっても使っていない。自国の言語においても同様である。のみならず，困難と問題を抱えた人々のためのサービス，働きを表すために，それらをとくに分類し一定の名を与えることすらしていない。しかし，スリランカの寺院，僧侶はそのような活動に長年に渡って従事してきていることは間違いない。

　スリランカの僧侶，研究者，実践家は，仏教ソーシャルワークについての講義や報告発表をするときに，しばしばブッダの弟子に対してなしたという最初の話からはじめる。「僧侶たちよ，行きなさい，多くの人々の利益のために，多くの人々の幸福のために，世界の人々に対する憐れみのために。神々と人々の目的のために，利益のために，幸福のために。そして二人して同じ道を行かないように……」(律蔵大品 (ヴィナヤピタカ・マハーヴァッガ) p.42)。そして，ブッダを最初の，かつ最良のソーシャルワーカーと呼ぶ。彼らは仏教ソーシャルワークを四聖諦や八正道といった基本的仏教概念を用いてしばしば説明する。かくして，仏教はソーシャルワークと親和性を持つように見える。しかし，かつそれゆえに，仏教ソーシャルワークの仏教全体の中に占める位置はきわめて重要なものと思われる。

　他方，今日，スリランカの1人当たり国内総生産 (GDP) は4,065米ドルに到達している (2017：スリランカ中央銀行)。産業別雇用者分布はサービス業47%，農業等27%，製造業等26% (2016：The World Factbook)[1] であり，都市化率は18% (2017：本書第1章参照) である。大学進学率は15%である[2]。産業化はスリランカ社会にとっても避けがたいものであろう。「新しい問題」が生じつつある。ソーシャルワーク (仏教ソーシャルワークを含む) の議論もまた不可避となる。

　第1部はスリランカにおける仏教ソーシャルワークを理解する前提としての今日のスリランカの概観である (第1章)。第2部はスリランカにおける仏教ソーシャルワークの現状の紹介であり，優れた実践例 (第2章) とより広域に

---

1)　htttps://www.jilaf.or.jp/country/asis_information/AsiaInfo/view/18 (2020.2.1)

2)　https://www.mofa.go.jp/ofaj/kids/kumi/srilanka_2014.html (2020.2.1)

おける広がりの程度を示す（第3章）。第3部は他国の仏教ソーシャルワークに関心を持つ同僚への招待状である。彼らがこれらトピックと議論を共有して関心を高めてほしい。第一のものはスリランカにおける「ソーシャルワーク」史である。西洋生まれのソーシャルワークが入ってくるはるか以前からはじめられている（第4章）。第二のものは仏教を宗教としてではなく人の生きるための道と定義し，この定義に基づいて仏教ソーシャルワークの理解を論じる（第5章）。第三のものはマックス・ヴェーバーの仏教理解に対し異議を申し立てる。仏教は社会的宗教であると論じる（第6章）。最後のものは，現代世界に思いを馳せ，「紛争解決」についての仏教的理解の仕方を解説する（第7章）。我々の仏教ソーシャルワークを探求する旅は，2017年12月ハノイ専門家会議においてつくられた仏教ソーシャルワーク作業定義の上に，いまや，各国，各社会の文脈（context）を視野に入れ諸課題を論じはじめる時にきているのである。

　本巻は二世代からなる5人の執筆者によって書かれている。2人の執筆者は仏教ソーシャルワーク探求の旅の創始者であり，推進者であり，アジア仏教国におけるこの間の努力の中核的メンバーであった。他の3人の執筆者は比較的最近この旅に加わったメンバーである。この2つの世代の間には，仏教ソーシャルワークについての理解と考えにいくつかのギャップがあるが，新たな世代なくして仏教ソーシャルワークは決して打ち立てられることはない。仏教ソーシャルワークの将来は，つねにニューメンバーの肩にかかっている。

　各章の論文に書かれた事実の正確さ，理解，意見はそれぞれの筆者のものであり，アジア国際社会福祉研究所（ARIISW），編者のものではない。編集作業は，本巻全体および各章の構成・体裁上の整理と言語校閲についてのみなされている。

アジア国際社会福祉研究所（ARIISW）

所長・特任教授　秋元　樹

はしがき

　本書は，Akimoto, T. (ed.). (2020). *Buddhist Social Work in Sri Lanka: Past and present*. Tokyo: Gakubunsha の和文版である。本書の紹介については，英語版編者の秋元樹教授の「日本語版刊行に寄せて」(本書 iii-v 頁) を参照されたい。ここでは，和文版の編集上の留意点等について記す。

　編集の都合上，英語版にあった一部 (第 5 章のパワーポイント・スライド等) を本書に含めなかった。また，各章の構成については，読みやすさを考慮し，一部変更した。

　本文全体に渡って，できる限り原文に沿う形での編集および校閲を心がけた。しかしながら，直訳では意味が伝わりにくいものが多々あり，編者が適宜意訳していることをあらかじめお断りしておきたい。また，留意点がある場合には必要に応じて注釈をつけた。英文表記を含む詳細を把握されたい読者におかれては，英語版も参照いただけると幸いである。

　用語の表記や和訳に関しては以下のとおりである。経典や仏教用語等のうち，固定訳等があるものについては可能な範囲で和訳を併記した。また，人名や地名，名称等については，シンハラ語またはパーリ語の現地発音に近いカタカナ表記を主に用いた[1]。その際，シンハラ語のカタカナ表記と和訳については『シンハラ語・日本語辞典』(野口，2015)[2] を参照するとともに，独立行政法人国際協力機構 (JICA) 駒ヶ根訓練所シンハラ語講師のシリパーラ・ウィラコーン氏にご助言いただいた。パーリ語源の語彙および仏教用語については，淑徳大学・大正大学 吉澤秀知講師に確認と校正をしていただいた。ただし，不測の誤訳や誤植，カタカナ表記の不正確さ等の不備や欠陥はすべて編者の責

---

1)　例外的に，本邦において既出の人名についてはその表記を優先した。具体的には，H.M.D.R. Herath は H.M.D.R. ヘーラット，Anuradha Wickramasinghe はアヌラーダ・ウィクラマシンハの方がより適切であるが，既出の表記に従った。

2)　野口忠司編. (2015). 『シンハラ語・日本語辞典』三省堂

任であることを申し添えておきたい。

　編集にあたり改めて全文を読み返したが，各執筆者の豊富な経験や多くの研究知見が含まれており，本書でなければ知ることができなかったスリランカの仏教ソーシャルワークの詳細が描かれている。編者自身も，アヌラーダプラ県内の農村部に 2013 年から 2 年間滞在し，ソーシャルワークや仏教行事に参加した経験があるが，本書によって，それらについてより深く理解することができた。本書が仏教ソーシャルワークの理解と発展に貢献することを心から願っている。

　本書の編集にあたって，多くの方々からのご協力をいただき発刊することができた。この場を借りて厚く御礼申し上げたい。

編者　東田　全央

目　　次

第1部

現代のスリランカ社会

第1章　仏教ソーシャルワークを理解する前提としての
　　　　スリランカ社会の概観

Omalpe Somananda（オーマルペー・ソーマーナンダ）

　本章では，仏教ソーシャルワークを理解するための前提として，スリランカの基本情報を紹介する。とくに，地理的，政治的，経済的，人口学的な概要，社会課題，仏教および現代のソーシャルワーク，仏教大学等における教育プログラム，スリランカの仏教に関わる政府および非政府組織（NGO）について紹介する。

1　国の概要

(1) 地理，政治体制，経済

　スリランカ民主社会主義共和国は南アジアの島国であり，ベンガル湾の西南，アラビア海の東南のインド洋に位置する。南北に約435km，東西に約225km で，大陸面積は65,610km^2 である。北部には海岸沿いの平地，内陸には丘や山脈が広がっている。政治体制は共和制で，元首は大統領である。市場主義経済に変わったが，中央政府は計画経済政策を現在も取り入れている。

表 1-1　地理と環境

全体面積	65,610 km^2
国土面積	64,630 km^2
水　　域	980 km^2
海 岸 線	1,340 km
気　　候	熱帯性気候，北東モンスーン（12月から3月），南西モンスーン（6月から10月）
地　　形	概ね低地，平地，起伏のある草原。南部中央に山間部あり。
最低標高	インド洋 0 m
最高標高	ピドゥルタラガラ山 2,524 m

出典 : Register General Department

(2) 人口の増加と人口密度

人口は 2019 年時点で 2,131 万人である（2013 年の 2,148 万人から減少）。1871 年に初めて行われた国勢調査では 240 万人と推計された。1981 年に 12 回目の国勢調査が行われたのち，前回調査が 2001 年に実施され 1,480 万人と推計された。これらの人口推計と 25 県における過去の人口統計によると，最大人口の県はコロンボ県（約 225 万人）である。次いで多いのはガンパハ県（約 206 万人）である。最も少ないのはムライティブ県（約 12 万人）と推計されている（2001 年時点）。

人口増加率については特段の差はない。ほとんどの湿地帯（バドゥッラ県，キャンディ県，マータレー県，ヌワラエリヤ県）は増加率が低く 1% を下回る。ガンパハ県は例外的に増加率が高い（1.9%）。これは主に自由貿易地域への移住によるものである。コロンボ県も平均より高い増加率を記録している。他方，乾燥地帯（モナラーガラ県，ハンバントタ県，プッタラム県，ポロンナルワ県，アヌラーダプラ県，ジャフナ県，キリノッチ県）は 1% 以上の増加率を記録している。最高値はワウニヤ県（2.2%），ムライティブ県（2.2%），アンパーラ県（2.1%）である。

現代のスリランカは人口密度が世界の中で高い国の一つである。2001 年の国勢調査では，1km^2 当たり約 300 人という結果が示された。

表 1-2　スリランカの人口関連統計

人　　口	21,481,334 人（2019）
人口増加率	年率 1.1%（2017）
労働力人口比率	51.7 %（2017）
都市人口率	18.4%（2017）
乳幼児死亡率	1,000 人当たり 7.5 人（2017）
平均寿命	75.3 歳（2016）

出典：Register General Department

2　スリランカの社会情勢

　人間開発指数の達成状況に関して，スリランカは南アジアの近隣諸国と比較すると秀でている。平均寿命は70歳を超えており先進国の数値に近い。高い識字率，低い死亡率，緩やかな人口減少は，社会発展を反映していると考えることができる。これらの人間開発指数に寄与したものとして，1940年代後半に生み出された社会サービスのネットワークや，すべての人々にとって健全な教育施策，広範なヘルスケア・プログラム，効果的な医療体制を挙げることができる。

(1) 保　　健

　過去40年間で，死亡率や出生率，幼児死亡率等の人口統計学上の数値が劇的に改善した。平均寿命は継続的に上昇しており，過去50年で30歳も伸びている。これは国民の健康水準が大きく向上したことを反映している。

　女性の健康と妊産婦のケアは最優先事項として位置付けられており，政府およびNGOが地域保健サービスに取り組んでいる。避妊率が急激に上昇し，出生率や死亡率が減少したことは，それらの努力の成果とも言える。2000年の人口・保健に関する調査では95%の出産が教育を受けた人材によって行われたことが明らかとなっており，全国でそうした人的資源が利用可能であることが示唆される。同調査では，94%の出産において，母親が妊娠中に産婦人科を訪れていたことも示されている。また，84%の母親が出生前検査として公衆衛生・助産師の訪問を受けていた。しかし，こうしたサービスを最も必要とするエステート地区（茶やゴムのプランテーションの労働者層が多く居住）で公衆衛生・助産師の訪問を受けた割合は42%に過ぎないことも明らかとなっている。

(2) 教　　育

　全国民に無償教育を保障することで，識字率は急激に上昇し，富裕層も貧困層も同じように高等教育に進むことができるようになった。給食プログラムや，教科書と制服の無償化が，教育の質を向上させるために行われた最新の政

府プログラムである。2001年の国勢調査では識字率は91%であった。過去40
年間の識字率の上昇は目覚ましく，約20%上昇した。女性の識字率の伸びは
顕著で，1963年の67%から2001年の89%に増加した。2012年時点の識字率
は平均95.6%（男性96.8%，女性94.6%）である。

　成人における教育修了率にも，識字率と同様に，大きな変化があった。1963
年には3人に1人が公教育を受けたことがなかったが，1994年までにこの割
合は10人に1人，2000年には12人に1人にまで減少した。一般教育修了普
通レベル（G.C.E. O/L）や一般教育修了上級レベル（G.C.E. A/L）を修了，または
より高等の学位を有している人口は，過去40年間で5倍に増加した。さらに，
女性の高等教育への進学率は過去25年で大きく上昇し，現在では男性と同等
レベルとなっている。

3　主な社会課題

　本節では社会課題について検証する。とくに，心身の健康に焦点を当てる。
以下で説明するように，現代のスリランカ社会における人々の問題は社会変化
によって異なる部分がある。

(1) 栄養不良

　乳幼児の栄養不良はスリランカの深刻な健康問題であり社会課題である。タ
ンパク質やエネルギーの低栄養状態が引き起こす発育阻害が乳幼児に見られ
る。とくに，妊婦の貧血は母体にも胎児にも悪影響を及ぼしうるため，最も深
刻な栄養課題である。妊婦の貧血は胎児の成長に影響し，基準となる2.5kgよ
りも低体重で生まれるリスクを増加させる。これらは乳幼児の認知機能の発達
や身体的成長を阻害しうる。結果，栄養失調状態にある女児をはじめとして，
将来的に，次の世代にも栄養不良の負の連鎖が起こる可能性がある。

(2) アルコールや薬物への依存

　アルコールや薬物の依存症は深刻な健康問題であり社会課題である。スリラ

ンカの現代社会において人間の価値観をそこなう主要因として捉えることができる。

(3) 女性の世帯主の増加

過去 20 年間で，女性が世帯主となる世帯が増加し続けている。近年の調査では，こうした世帯は比較的貧しく，大半は未亡人で，教育レベルは男性の世帯主よりも低いことが明らかとなっている。彼女たちは立場の弱さから暴力や搾取の対象となりやすい。

表 1-3　女性の世帯主の割合

年	割合
1981	17.4%
1994	18.6%
2000	20.4%

出典：1981 年国勢調査，1994 年人口統計学的調査，2000 年人口統計学的特性及び健康調査

(4) 高齢化

人口の年齢構成については，子どもの人口が急速に減少し，成人の人口が増加している。高齢者は 65 歳以上とされ，その割合が増加している。2000 年には世帯主の 7％が高齢者であると推計された。この高齢化問題を検証し，保護が受けられない対象集団のヘルスケアの必要性と社会的なニーズを検討すべき時期に来ている。

(5) 自　殺

スリランカの自殺率はアジア諸国の中では高い値であった。貧困，有害な娯楽，過多なストレス状況に適応できないこと等が，悲劇的な形で人生を終わらせてしまう主な理由であろう。統計部局が保有する自殺率のデータによると，1948 年の独立直後は人口 10 万人当たり 9 人であったが，1970 年代には 19 人に増加し，1980 年代半ばには 33 人 にまで上昇したが，それ以降は落ち着いている。

4 スリランカの仏教 [1)]

(1) スリランカの宗教

　仏教はスリランカにおいて国教的であると考えられる。憲法において政府に
よる仏教の保護や仏教ダンマの発展が記されるなど，特別な権威を与えられて
いる。しかし，憲法ではそれと同時にすべての国民において信仰の自由と平等
な権利等が保障されている。スリランカは多宗教国家である。2011年の国勢
調査では，70.2%が上座部仏教，12.6%がヒンドゥー教，9.7%がイスラム教（主
にスンナ派），7.4%がキリスト教（6.1%がカトリック，1.3%がその他）を信仰して
いると推計された。世論調査によると，2008年にスリランカは世界で3番目
に宗教心が強い国であり，99%のスリランカ人が宗教を生活の中の重要な要
素として回答した（CBRGS, 2013）。

(2) 仏　　教

　上座部仏教はスリランカにおいて国教的であり，約70%の国民が信仰して
いる。インドの仏教王のアショーカ王の息子であるマヒンダ長老が紀元前246
年にスリランカに仏教を公伝し，デーヴァーナンピヤティッサ王を改宗させ
た。アショーカ王の娘であるサンガミッター長老尼がブッダガヤーの菩提樹の
挿し木をスリランカにもたらした。サンガミッター長老尼はスリランカの尼僧
の規律もつくり上げたとされている。その菩提樹の挿し木は，現在，聖大菩提
樹（スリー・マハー・ボーディヤ）として知られている。デーヴァーナンピヤ
ティッサ王によってアヌラーダプラのマハーメーガヴァナ公園に植樹された。
　その後，王室一家は仏教の布教に努め，仏教伝道師を助け，僧院を建設した。
紀元前200年頃，仏教はスリランカの国教となった。4世紀にダンタクマーラ
とヘーママーラー王女により仏歯がもたらされた。スリランカは仏教国の中で
も最も長く続く仏教史を持つ国である。スリランカ仏教の衰退期には，ミャン

[1)]　4〜6節は，Somananda, O. (2019). *Experience in social work research*. Ariya Publishers のうち
　　第1章 Study on the opportunities of Buddhist social work in Sri Lanka（pp.8-38）からの再掲であ
　　る。

マーやタイとの接触により復興した。仏教は元来，ヒンドゥー教の国であるインドで始まったものであるが，その後，ヒンドゥー教やヨーロッパの植民国の影響により仏教は衰退する。

　18世紀中葉，キャンディ王朝キールティ・スリー・ラージャシンハ王の時代，ウェリウィタ・サラナンカーラ導師により，シャム（タイ）の僧侶の助けもあって，当時廃れていたウパサンパダーとして知られる高位受戒式が復活した。19世紀中期頃までに，ミゲットゥワッテー・グナーナンダ導師，ヒッカドゥウェー・スリー・スマンガラ導師，ヘンリー・スティール・オルコット大佐，アナガーリカ・ダルマパーラのような仏教指導者が，スリランカにおける仏教復興のための運動を開始した。

5　スリランカのソーシャルワークの現状

　スリランカにおけるソーシャルワーク教育は1952年に始まった。長い歴史があるにもかかわらず，ソーシャルワーク教育の発展は遅く，全国に未だに広まっていない。国立社会開発研究所（NISD）内のソーシャルワーク校は社会福祉省傘下にあり，国内で唯一，専門職ソーシャルワーク教育が提供可能な機関である。ソーシャルワーク教育は第三次レベルで行われている。

　スリランカの第三次教育は，1942年にセイロン大学の創立とともに始まった。現在，第三次教育を提供する教育機関は国内に4種類ある。すなわち，公立大学，海外の大学と共同する私立教育機関，職能団体，政府および私立の教育機関である。政府は第三次教育の80％以上を担っている。現在，国内に19大学があり，そのうち15大学が大学承認委員会（UGC）の下で，4大学が他省庁の下で運営されている。これらの大学を除くと，第三次教育レベルの遠隔教育を提供するオープン・ユニバーシティや12の学位提供機関があり，そのうちの8つが修士課程を設けている。

(1) 大学の入学許可

　一般教育修了上級レベルを求める生徒は，大学入学資格を得るために，試験

3科目のすべてにおいて最低得点以上を得なければならない。約21万人の生徒が毎年受験し，そのうち約9万人に大学入学資格が付与される。しかし，UGC下にある15大学では，わずか1万7千から1万8千人，最大2万人の学生しか受け入れることができなかった（Warnapala, 2009）。この数値は現在では増加していて，10万人以上の学生が大学入学資格を取得するが，わずか2万2千人しかその機会を得ることができない。入学許可が下りなかった多くの若者は他の高等教育を探す必要がある。裕福な家庭の子どもの中には，海外の大学で勉強するために留学したり，国内にあるオープン・ユニバーシティや州立の単位認定制度のある機関を利用したり，大学の聴講学生として学習したり，海外の大学に代わり授業や試験を実施する私立機関で学習する学生もいる。また，国内外の専門機関で会員資格を取得するために学習する者や，機械や電気等を取り扱う職業教育・訓練校で専門的に学習する者もいる。しかし，大半は教育費，その他の条件により高等教育への進学を諦めてしまう。これらの若者は国の財産であり，国の社会経済的な発展を担うため，教育訓練を受けるべき存在である。

(2) 専門的な教育

　スリランカの大学で提供される学位のほとんどは学術的なものである。これは人文学系や社会科学系の学部で提供される学位において，より当てはまる。学術的な学位は知識指向であり，特定領域での実践に関わるスキルや能力を開発させることには焦点を当てない傾向にある。スリランカで専門的な教育プログラムを提供している機関は少ない。例外は薬学部，工学部，法学部，教育学部である。学術的な学位の取得者の中には，卒業後に，他の機関が提供する専門職課程を受講し就職先を探す者もいる。医科大学は大学システムの中に位置付けられているが，法科大学は位置付けられていない。法学士（LLB）は学術的な学位に過ぎず，有資格の弁護士になるには，法科大学で開講される3カ月の実践課程を受講しなければならない。公認会計士校や公認エンジニア・建築士校は各分野で専門教育を提供する職業教育・訓練校である。ソーシャルワー

ク教育は専門教育に分類されようとしている。その学生は人々のエンパワメントを促進し，人々が直面する課題の解決策を見つける支援を行うために，様々なレベルで働くための教育訓練を受ける。学生には，諸個人，家族，集団，地域社会，福祉機関等と協働して実践するために，必要な知識，スキル，姿勢を身につけることが求められる。

(3) スリランカのソーシャルワーク教育

　先述のように，スリランカでは専門職ソーシャルワーク教育が1952年に始まった。NISDのソーシャルワーク校は，社会福祉省傘下で運営されており，現在まで国内でソーシャルワークの専門教育を提供する唯一の機関である。つまり，スリランカのソーシャルワーク教育は，同校によって60年近く提供されてきたことを意味する。その設立から約50年後に，学位認定機関として承認されるようになった。2004年にスマトラ島沖地震による津波災害が国内で起こるまで，ソーシャルワーク分野に注力する大学はなかった。ほとんどの人々がソーシャルワークと社会学の違いさえ理解していなかった。国内4大学が社会学の学士課程において，ソーシャルワーク・コースを導入したが，それらはソーシャルワークの導入コースに過ぎない。ソーシャルワークは固有の研究分野であり職業である。国際的には，ソーシャルワーク学士（BSW）やソーシャルワーク修士（MSW）が存在する。これらは多くの国々で，ソーシャルワーカーとして認定されるための基本的な資格とも言える。NISDはソーシャルワークに関する3つの専門課程として，ディプロマ課程，学士課程，修士課程を有している。ディプロマ課程は1978年に2年間のフルタイム・プログラムとして開始され，公用語のシンハラ語とタミル語にて授業が行われている。2005年にNISDがUGCによって学位認定機関として設定されたことで，ソーシャルワーク学士課程を設置する機運が高まった。学士課程は2005年に，修士課程は2008年に開始した。

　これら3課程のカリキュラムにある共通点は，教室での理論的な学習と現場での実践的な学習の両方で構成されていることである。理論的知識は人間行動

に関する理解と，個人，家族，集団，地域社会および組織との活動におけるソーシャルワーク技法という，2つの主要領域について教授される。実習指導は，ソーシャルワーク校の実習指導コーディネーターによって実施される。同校では教育訓練を受けたスーパーバイザーが学生を指導する。学生はケースマネジメント，グループワーク，コミュニティワークについて実習するために，社会福祉機関に配属される。地域社会に直接配属される学生もいれば，コミュニティワーク・プログラムを行っている NGO を介して配属される学生もいる。

(4) ソーシャルワーカーの役割

　スリランカは過去に急激な社会経済的変化を経験した。長期間に渡る内戦が終結し，国は再興の時を迎えている。社会は経済的発展に伴い，将来的により多くの変化に直面することになるであろう。人々はこうした変化に順応しなければならず，この状況に適応できない人々は問題に直面しうる。問題が悪化するのには複数の理由がある。これらの状況について研究し，その分析と解釈をするのが社会科学者の役割である。他方，ソーシャルワーカーの役割は，人々の幸福のために，人々が直面している諸問題の解決策を見つけ，人間の相互作用において介入することである。諸問題は個人，家族，地域社会の中で見出される。諸問題は，サービス提供体制が利用不可であることや，社会政策の不備とも関連しうる。スリランカではソーシャルワーカーが何千人も必要である。ソーシャルワーカーは様々な状況下で，そして様々な地域社会の中で活動することが求められる。予防的，また開発的なソーシャルワーク実践に取り組む必要がある。ソーシャルワーカーは精神科病院，学校，刑務所，避難民施設，再定住地等においても必要である。ソーシャルワーカーの介入が必要な層には，障害者，子ども，犯罪被害者，母子・寡婦世帯，産業労働者，貧困層の人々が含まれる。

　これまで，NISD のソーシャルワーク校では 1,677 人のソーシャルワーカーが教育訓練を受けた。しかし，国内で専門職ソーシャルワーカーとしての登録やライセンス発行を担う組織や体制は存在しない。スリランカ・専門職ソー

シャルワーカー協会は，政府への嘆願書により，国内のソーシャルワーカーのための統括組織の設立を提案している。

(5) スリランカのソーシャルワークにおける挑戦者

　スリランカでは人々の間にある距離感が近く，伝統的な文化が生きている。多くの場合，日常生活で問題が起こった時，人々は部外者の助けではなく，自分たちで解決策を見つけることができる。人々は仏教を通じて協力の仕方について学んできたのである。そのような状況下で，西洋生まれのソーシャルワークをスリランカ社会に適用することはできなかった。社会文化的規範が西洋の実践モデルと乖離していたからである。英国，米国，オーストラリアのような先進国ですら，各国によってソーシャルワークの実践形式は異なる。

　ソーシャルワーカーの役割はいくつかの主要な概念に関連づけられる。たとえば，幸福，正義，人間の尊厳，包摂性である。ソーシャルワーカーは経済成長に伴う問題を解決する。現代のスリランカ社会では，多くの個人や集団が，社会経済的な状況によって周縁化されている。こうした状況があるからこそ，仏教ソーシャルワーカーがスリランカの文化において実践されるべき機会がある。

6　スリランカにおいて仏教ソーシャルワークを発展させる方策

　スリランカには仏教ソーシャルワークを確立するための機関がある。主に政府系機関と非政府組織（NGO）とに分類できる。これらの機関は国内にて仏教ソーシャルワークの確立に貢献する。各機関の詳細は以下の通りである。

(1) 大　　学

　スリランカには僧侶のための特別な大学が2つある。スリランカ仏教パーリ語大学とスリランカ比丘大学である。両大学は政府予算によって運営されている。UGCは学士，修士，ディプロマ，修了認定書の各課程を認めている。

(i) スリランカ仏教パーリ語大学

　仏教パーリ語大学は，名誉教授であるワルポラ・ラーフラ導師による指導の下で運営されていた。1981年第74番法令に基づき，1982年4月22日に開校した。同大学の目的は仏教の布教，国内外におけるパーリ語および仏教学研究の発展，関連分野の研究環境の提供である。同法令は1995年第37番法令によって変更された。改定法の施行に伴い，提携機関が機能しなくなった。学長，最高経営責任者であり最高学術責任者でもある副学長，学部長，大学教員，その他スタッフ（登録，会計，図書館司書等）が大学の発展のために従事している。同大学は10学部と3学科により構成されている。現在，仏教文化学科の下で，地域社会リーダーシップの科目が開発され，教授されている。これは2018年に開始され，スリランカにおける仏教ソーシャルワークの転換点となった。

(ii) スリランカ比丘大学

　比丘大学はアヌラーダプラ県内にある。1969年にブッダスラーワカ・ダルマ・ピータヤという名称で開校し，1996年にブッダスラーワカ比丘大学，2012年にスリランカ比丘大学へと改名された。ただし，大学としての方針は不変である。大学組織は，最高評議会，評議会，学部評議会等により構成されている。学生の知識を深める図書館と，学生の知識をはかる試験体制は同大学の柱である。学長，最高経営責任者であり最高学術責任者でもある副学長，学部長，大学教員，その他スタッフ（登録，会計，図書館司書等）が大学の発展のために従事している。

(2) 仏教寺院

　スリランカのあらゆる寺院は地域社会からの寄付によって運営されている。また，国内外の政府系機関やNGOによって援助されている。スリランカの仏教僧団は ニカーヤ（宗派）と称され，下記の3宗派がある。

　　・シャム・ニカーヤ：18世紀に，シャムの僧侶であり，キャンディのキールティ・スリー・ラージャシンハ王に招かれたウパーリ長老と，ウェリ

ウィタ・サラナンカーラ導師の主導の下で創設された。

・アマラプラ・ニカーヤ：1800 年にミャンマー（ビルマ）からの高僧によっ
　て創設された。

・ラーマンニャ・ニカーヤ：1864 年にアンバガハワッテー・サラナンカー
　ラ師によって創設された。

　この主要な 3 宗派の中には数多くの分派が存在する。そのうちのいくつかは
カーストに基づいている。ただし，基本原則上の違いはない。

　仏教省に登録されている僧侶は 40,595 人である（様々な理由により実数はこれ
よりも少ない可能性がある）。スリランカ国内で登録されている尼僧は 1,288 人
である。総数は 41,883 人である。

表 1-4　3 宗派（ニカーヤ）における僧侶・尼僧数

種　　別	人　　数
僧　　侶	40,595
尼　　僧	1,288
総　　数	41,883

注：スリランカ仏教局のデータより

　12,239 カ所の仏教僧院が僧侶によって登録されていることに加え，588 カ所
の尼僧院が存在する。合計で 12,827 カ所の寺院がある。

表 1-5　3 宗派（ニカーヤ）における仏教僧院・尼僧院数

種　　別	数
仏教僧院	12,239
尼　僧　院	588
総　　数	12,827

注：スリランカ仏教局のデータより

(i) 仏教日曜学校 (ダハン・パーサラ)

　仏教日曜学校は仏教局の下で，仏教寺院を拠点にボランティアの支援を受け
て運営されており，現在もよく組織化され機能している。その目的は，仏教日
曜学校の生徒に仏教教義を実践するように教育し，書籍や他の資料を用いて知

識を伝えることである。実りある人生を送るためには，道徳観や人格を育むことが必要である，と信じているからである。

　マヒンダ長老の来訪とともに仏教に改宗したスリランカの人々は，仏教教義と仏教的な生き方を教わった。仏教的な生き方の中で，年4回の特定の満月（ポーヤ）の日に寺院に通うことが特徴的である。ドゥッタ・ガーミニ王の法施（ダンマ・ダーナ）活動とともに，4回のポーヤの日にダンマを実施する取り組みが実施されるようになった。毎月のポーヤの日は，仏教徒のために与えられた国民の祝日であり，人々は寺院に出向き，建物を清掃し，ブッダ（仏），ダンマ（法），サンガ（僧）に対して布施をし，ダンマの説法に耳を傾ける。僧侶らの教えの下で，人々は村や町の発展のあり方について話し合い，勤労奉仕（シュラマダーナ）[2]によって様々な活動を行う。

　寺院はこうした活動の中核を担い，国の発展と統合とともにある。全国でこうした健全な活動が行われた結果，経済，教育，健康，文化の発展が実現してきた。スリランカは正義の島（ダンマ・ディーパ）や東の穀倉（ペラディガ・ダンニャガラヤ）として世界に知られるようになった。しかし，アヌラーダプラ時代およびポロンナルワ時代の末期には，為政者らの過ちにより，国の安寧は衰退の一途を辿ることになった。

　長い時を経て，3つの海外勢力が押し寄せてきた。オランダの統治下では，村のあらゆる活動の中心を担っていた寺院において教育活動が禁止され，代わりにキリスト教の宣教師がその権利を奪ったため，寺院の力は弱体化した。2,078年間続いたポーヤの休日が廃止され，日曜日が公的な休日となり，ポーヤの日を聖なる日とする見解との間に衝突が生まれた。仏教徒には際限のない障壁が課され，この時代の仏教徒の子どもはキリスト教系（カトリック等）の学校で教育を受けさせられた。

　1860年代後半には，ドダンドゥウェ・ピヤラタナ大祭司とコラタタ・ソー

2）［和文編者注］功徳を積む一つとされ，たとえば近隣の共用施設の修理・修復など，周辺の人々が協力活動を行うことである。サルボダヤ運動の基本的な視点でもある。労働の分かち合い等とも訳されることがある。

ビタ祭司が7つの仏教学校を設立した。1880年にスリランカに来訪したH.S.オルコット大佐による仏教復興活動を通じて仏教神智学協会が設置され、仏教学校が始まった。初めての仏教学校は、オルコット大佐によってゴール県のウィジャヤーナンダ・ピリウェナに設立された。開設以来の仏教学校数等の詳細は表1-6の通りである。

表1-6　スリランカの仏教日曜学校

仏教日曜学校数	教師数	生徒数
10,116	125,356	2,191,101

注：スリランカ仏教局のデータより

(ii) ピリウェナ支部 (教育省管轄)

　スリランカのピリウェナ[3] は僧侶らのための組織である。この組織は教育省傘下のピリウェナ教育支部として知られている。支部長は局長と称される。

　「ピリウェナ」という言葉は、三蔵（ティ・ピタカ）にも記載されており、ブッダの時代から僧侶が住んできた僧院の個室等を意味する。スリランカ史において何世紀にも渡って進化し、僧侶らを教育する伝統的な機関がピリウェナとして知られるようになった。若く幼い僧侶たちはピリウェナで年長者と暮らす。学識のある僧侶が研究を行うとともに、ブッダの教えやパーリ語、サンスクリット語、歴史、韻律、レトリック、占星術、論理等の伝統的な科目を教授する。ピリウェナでの教育は、読書、詠唱、議論、記憶、分析の他に、聖典の知識の根幹を学ぶことができるという点で秀でている。また、ピリウェナは幼少期の僧侶たちが、ブッダの教えである律蔵（ヴィナヤ・ピタカ）に示された規律に従い、師の下で修行できる場である。

　1世紀にデーヴァーナンピヤティッサ王によって建立されたカラパサダ・ピリウェナは、国内で最古のピリウェナと言われる。さらに、マハー・ヴィハーラ（大寺）とアバヤギリヤという2つの寺院もアヌラーダプラ時代の僧侶の教

---

3)　[和文編者注] 寺学校と訳されることもある（野口、2015）。

育機関の中心として機能し，国内外の僧侶が修行した。他にも，ムーラーヤタ
ナと呼ばれる機関が8つ存在し，僧侶の教育機関として運営されていた。ウェ
リウィタ・サラナンカーラ導師は，キャンディ時代にピリウェナ教育の再構築
に貢献したとして，現代における仏教教育の先駆者として知られている。

　古代においてピリウェナは私設機関であったが，植民地時代が終わったの
ち，スリランカの教育省傘下の公的機関となった。現代のスリランカには787
の政府認定ピリウェナが存在し，6,318人の教師と約70,698人の生徒が在籍す
る。その種類には，494のムーリカ・ピリウェナ，222のマハー・ピリウェナ，
63のウィッディャーヤタナ・ピリウェナ，8のシーラマーター・ピリウェナ（女
性限定）がある。ピリウェナの主な目的は僧侶の修行だが，歴史的に，王族の
子息や一般人への教育も行ってきた。現在，ピリウェナの生徒のおよそ半分が
他の学校から退学した男子である。

表1-7　ピリウェナに関する統計

ピリウェナ種別	数
ムーリカ・ピリウェナ	494
マハー・ピリウェナ	222
ウィッディャーヤタナ・ピリウェナ	63
シーラマーター・ピリウェナ（女性限定）	8
ピリウェナの教師と学生	人数
ピリウェナの教師	6,318
ピリウェナの学生	70,698

出典：教育省ピリウェナ局

(3) 政　　府

(i) 仏教省

　仏教（ブッダ・シャーサナ）省はスリランカにおける仏教関係の事由を決定す
る省である。憲法により，あらゆる種類の宗教に対する権利を保護することが
定められているが，なかでも仏教には最上位の地位が与えられている。そして，
仏教を保護し繁栄させるために必要な援助を与えることが定められている。こ
れに関し，マイトリー政権（当時）の公約25頁に，「人々が宗教的信仰に従う

自由は保証されるべきである。」と明記されている。この目標を達成するため，仏教省は，スリランカ社会全体に対して，適切なプロジェクトを実施し，社会的価値の向上に役立つプログラムを実行する責任を負っている。スリランカの省庁の中で仏教省は特異な行政組織となっている。

(ii) 仏教局

　1931 年第 19 番仏教臨時法令に基づき，1981 年 7 月 2 日に仏教局が創設され，仏教に関する事由を担当する理事の事務所が設立された。仏教関連業務と仏教学校は仏教局の傘下に入ったが，仏教寺院の活動は公認受託局によって運営されている[4]。公認受託局は仏教局に位置づけられた。仏教徒や仏教学校に関する事由は，以前は仏教寺院文化局仏教課によって管理され，公認受託局による監督を受けていた。現在，7 人の仏教関連の理事と 2 人の理事長が同局に配属されている。

　仏教局は仏教の保護や正しい仏教社会の整備のために様々なプロジェクトを実施している。1931 年 19 番仏教臨時法令により，仏教局の理事長にさらなる権限が与えられた。具体的には，仏教繁栄のために，権威ある仏教施設の使用手続き業務，仏教学校での教育開発への寄与，見習い僧侶（サーマネーラ），ウパサンパダー（受戒式），比丘の登録等が行われる。

(iii) 仏教コーディネーター

　仏教局は全国で仏教コーディネーターを雇用している。仏教コーディネーターの役割は，各行政区の仏教保護会（シャーサナー・ラクシャカ）の幹事の助けを借りて仏教学校を訪れ，教師や生徒をコーディネートし，試験の実施や用具の手配，書類の整備等を行うことである。

---

4)　公認受託局は，スリランカの人々の財産を守るために法的に設置された組織である。仏教局設置以前には，寺院によって保有されていたすべての財産は公認受託局によって管理されていた。

(4) スリランカの非政府仏教組織

(i) ミトゥル・ミトゥロ・薬物リハビリテーション施設

　ペルマドゥーラにあるミトゥル・ミトゥロ薬物リハビリテーション施設はクッピヤーワッテー・ボーダーナンダー師によって創設された。「思いやりのある友人」を意味するミトゥル・ミトゥロと名付けられ，当初はスリランカの農村部における貧困層，とりわけ若い世代を支援するために1984年に創設された。ミトゥル・ミトゥロの活動は国内初の薬物リハビリテーション施設へと発展した。現在，16歳から35歳までの80人の男性が同施設で治療を受けている。同施設では薬物依存症予防のプログラムや心理カウンセリング，日常的な瞑想，仏教の詠唱等が行われている。仏教の修行では個人の努力によって解脱を目指すように，同センターでのアプローチは自己による省察と気づきを大切にしている。薬物依存症者を，厳しい処罰や力づくで更正すべき犯罪者としてではなく，慈しみの心を持って接し，受容し，友好と平和的な空間の中で尊厳を持って治療されるべき人とみなす。

　ミトゥル・ミトゥロのプログラムは，依存症者が自己の行動を振り返り，友情を深め，開かれた対話を持ち，誠意を共有し，依存症から回復することを目的としている。自己の回復の軌跡を開示し共有することで，依存症者らは苦しんでいるのは自分たちだけではないことに気づくことができる。相互に支援し動機づけを高めることで，内なる恐怖や不安を克服する強さを身につけ，自信と自己肯定感を得ることができる。

　同施設には閉鎖扉がない。治療を終えた者，治療中の者，その家族らがいつでも同施設を訪れ，支援をしたり，ボランティア活動に参加したりすることが奨励されている。保護者支援グループは，親や家族にガイドライン，カウンセリング，安全，後方支援を提供している。ワークショップやセミナーを通して，感情や愛情を共有しコミュニケーションをとって理解し合うという家族としてのつながりが，依存症者の治療において大切であることを学ぶ。ミトゥル・ミトゥロの運動は，45%の成功率と5千人の完全更正した若者の実績を示したことで，スリランカにおける薬物リハビリテーションと更正活動の先駆者とし

て認識されるようになった。

(ii) 全セイロン仏教徒会議

　全セイロン仏教徒会議はスリランカで最古の仏教組織である。この組織は，スリランカにおける仏教の権利を保護するための強大な力を有している。その活動は，議会法によって慈善活動としてみされている。国内外で仏教徒の権利を守るために様々なプログラムが計画・実施されている。組織部門は下記の通りである。

　・全国宗教文化協議会
　・全国国際問題協議会
　・全国社会サービス協議会
　・全国開発協議会
　・全国教育協議会
　・全国育児協議会
　・全国若者活動協議会

(iii) 全セイロン仏教徒女性会議

　全セイロン仏教徒女性会議（ACWBC）は 1949 年 7 月 12 日に B.S.（ジュリエット）ジャヤワルダナ女史によって創設された。ジャヤワルダナ女史は勇敢で，仏教徒の女性グループを率いる慈善家であった。ACWBC はスリランカの女性にとって主要な仏教組織として誕生し，独立後の混乱の中で宗教や文化，とりわけ仏教の復興に大きな貢献を果たした。

　ACWBC は 1952 年 1 月 10 日付セイロン政府公報第 10340 番信託法令 114 条の下で公的に位置付けられた。ACWBC は財産保有の権限を与えられた。経済産業相は，1952 年 6 月 16 日付セイロン政府公報第 10411 番の下で，この組織を「認定された慈善」として明記した。

(iv) スリー・ボーディラージャ財団

　スリー・ボーディラージャ財団は，創始者であるオーマルペー・ソービタ導師の故郷のエンビリピティヤを活動拠点としている。この財団は多様な宗教的・社会的事業を通じて，当該地域の住民が直面する課題を解決し，住民の生活を向上させることを目的として活動を開始した。1960年以降，エンビリピティヤの村と周辺地域には，国内の様々な地域からの入植者が居住していた。ウダワラワとマハウェリの開発事業計画の下で，行政は様々なプロジェクトを行ってきたが，この地域の生活環境は低水準のままであった。とくに，教育分野および保健分野において低水準であった。マラリアと栄養失調は深刻な問題であり，また多くの若者が失業に苦しんでいた。

　エンビリピティヤの住民にとって礼拝の中心的な役割を果たしているのは，比丘修行所である。満月の度に，2千人以上の人々が宗教儀式のために集う。28の仏塔（パゴダ）の下には，空調設備の整った瞑想ホールがあり，100人を収容することができる。2003年に，僧侶のための学習施設や，八または十の戒律の実践をのぞむ信仰者のためのサンクチュアリとなる説教ホールの建築等が実施された。この組織によって提供される福祉的奉仕は以下の通りである。

- ・眼科・献眼
- ・女性の福祉プログラム
- ・カウンセリング
- ・葬儀の援助
- ・牛の保護プログラム
- ・孤児院
- ・節制サービス
- ・信用プログラム
- ・仏教巡礼（ダンマ・チャーリカ）

(v) カルタラ・ボーディ・トラスト

　カルタラ・ボーディ・トラスト（KBT）は，カルタラ・バーの権威ある法律家で偉大な慈善家でもあり，代理人・公証人のシリル・デ・ゾイサ卿の先駆的な努力によって1951年に設立された。シリル卿は6人の優秀な法律家から同団体設立のための援助を受けた。提供する福祉的奉仕には下記のものが含まれる。

・津波後の住宅支援
・津波被災者奨学金財団
・ヴィサーカ子どもの家
・シリル・デ・ゾイサ卿老人ホーム
・災害救援
・ヤティヤナ・アガラワッテ女性高齢者の家

解　説5)

　スリランカでは，いくつかの理由から「社会サービス」という用語は「ソーシャルワーク」よりも馴染みがある。第一に，「ソーシャルワーク」という英単語に対応する現地語がない。NISD のソーシャルワーク校で紹介されているシンハラ語の Samāja wada（サマージャ・ワァダ）やタミル語の Samuha pani（サムーハ・パニ）は，ソーシャルワークを職業とする人々やソーシャルワークを学習している学生にしか用いられていない。第二に，一般の人々にとって，社会サービスとソーシャルワークの違いをはっきりと区別することは難しい。第三に，生活様式にかかる慣習として，社会の中で助けを必要とする人を助ける，という相互扶助の古い伝統が存在する。第四に，ソーシャルワークと社会福祉プログラムの違いを社会が理解するほどの影響を及ぼすまでには，ソーシャルワークの専門教育が発展してこなかった。第五に，国内には専門職ソーシャルワーカーの数が少なく，彼らが働く地域社会内でしかそのサービスが知られていない。

　西洋の影響を受けたソーシャルワーク教育がスリランカに導入された際に，荒波に揉まれるが如くであったことが，詳細な検証により確認されている。ソーシャルワーク実践家は，特定のアプローチ，ツール，技法をスリランカの文脈に応用することが難しかったと感じている。例として，家族の中の個人に解決策を提供するようなソーシャルワークのアプローチは適さない。なぜな

5)　本節は，Somananda, O. (2019) *Experience in social work research*, Ariya Publishers のうち第1章の Study on the opportunities of Buddhist social work in Sri Lanka (pp.2-8) の再掲である。

ら，スリランカにおける個人に対する家族の影響は，ソーシャルワーク教育が発展している西洋におけるそれよりも，はるかに大きいからである。先述のとおり，スリランカの社会状況や文脈そのものが，科学的なソーシャルワークを特定領域に適用できない要因である。そうした社会状況を発展させてきた要因に焦点を当てることで，より科学的な検証が可能となろう。

　主流の宗教である仏教，あらゆる地域社会を一つにまとめる文化，全国で実践されてきた営みが，現代スリランカ社会の特徴を形づくる諸要素である。仏教による影響が主要な要因となり，助けを必要としている人々を相互に助けることや平和な生活を大切にすること等の他宗教との共通点が，文化的なつながりを強化してきた。ソーシャルワークと仏教には共通点が多く，仏の教えはスリランカ社会にとってより受け入れられやすいとともに，ソーシャルワークの仕組みに導入することも可能である。

　共感と他者の生活を安らかにすることが仏の教えの真髄である。そのため，仏教では，困難に陥っている人々を助けることを奨励している。仏教だけでなくあらゆる宗教的信仰が，仲間のための支援に貢献するように促す。慈善活動は本来は宗教的な教えに基づくものであった。寄付やボランティア活動は社会的な慈善活動としてみなされ，食料やシェルターといった根本的な必要物資を貧困層の人々に提供することに焦点を当てている。個人として社会的な慈善活動に従事する人もいる。政府系機関やNGOによって提供される，貧困層のニーズに応えるための組織立ったサービスは社会サービスと呼ばれる。障害者，生活困窮者，孤児，捨て子，避難民，周縁化された人々，社会的に排除された人々，家を奪われた人々，社会的弱者，危険にさらされた人々等の用語は，社会において貧困であったり助けを必要としていたりする人々を表現する際に用いられる。

　仏教は利他主義，雅量，平等を重視している。スリランカ文化では他者の困難に共感し敏感になることが特徴的である。仏教はソーシャルワークの原則と共通する科学的アプローチであり，因果の過程を強調する。社会的な調和は仏教によって多大なる影響を受けている。専門職ソーシャルワークは解決策を提

供するときに，助けを必要としている人々の潜在能力を解き放つために権利に基づいたアプローチを強調する。人間の潜在能力を解き放つための調和に基づいた仏教のアプローチは，ソーシャルワークのアプローチをより豊かにすることができる。

　政策立案者や戦略マネジメントの人材は，国内の人々の生活の質を向上することができるソーシャルワークの重要性について無知である。さらに，僧侶らの教えは問題解決において地域社会から敬意を払われているが，ソーシャルワークを学ぶことを奨励しているわけではない。しかし，仏教ソーシャルワークが仏の教えの下で育まれたならば，ソーシャルワークを学び様々な条件で活用する動きが広がるであろう。そのためには，その性質を分析することが必要である。適切な文献を蓄積し，さらなる研究を奨励することにより，仏教ソーシャルワーク研究の持続的発展を支える環境づくりが必要である。概念，アプローチ，ツールは，経典から得ることができる。

　仏教ソーシャルワークのイニシアチブは，科学的で専門的なソーシャルワークの潮流において幼児期段階に留まっている。その要因の一つは，仏教徒自身が「ソーシャルワーク」という用語を用いず，さらに分野としての「ソーシャルワーク」を定義付けさえしていないことにある。仏教徒にとって，人々がこのような活動を「ソーシャルワーク」と翻訳し名付けるかどうかや，西洋生まれの専門職ソーシャルワークがそのような活動をソーシャルワークと認めるかどうかは重要なことではない。仏教寺院や僧侶ら，仲間たちが，どれほど効果的に，そしてどの程度の規模で，人々が直面する困難や問題を解決するかが重要である（Akimoto, 2017）。仏教ソーシャルワークは人間の問題を解決することにこそ主眼がある。

参考文献

Akimoto, T. (2017). The globalization of western-rooted professional social work and exploration of Buddhist social work. In Gohori, J. (ed.). *From western-rooted professional social work to Buddhist social work: Exploring Buddhist social work* (pp.1–41). Tokyo: Gakubunsha.

CBRGS. (2013). *Central bank Sri Lanka annual report*. Colombo: Department of Government Printing.

Central Bank Report. (2017, 2018). *Economic and social infrastructure Sri Lanka*. Colombo: Department of Government Printing.

Chanderethna, D. (2002). *Essays on social development and welfare in Sri Lanka*. Colombo: National Institution of Social Development.

Fook, J., Ryan, M., & Hawkins, L. (2000). *Professional expertise: practice, theory and education for working in uncertainty*. London: Whiting & Birch Ltd.

Herath, H.M.D.R. (2015). Buddhist social work activities in Asia: Sri Lankan case study. In Kikuchi, Y. (ed.). *Buddhist 'social work' activities in Asia*. (pp.15-42). Asian Research Institute for International Social Work.

Holt, J. C. (2015). Inter-religious harmony in the past and present: Buddhist in Sri Lanka. In Mahinda, D. (ed.). *Vesak peace and harmony*. (pp.121-132).

Pannasiha, M. (1990a). A country's development the Buddhist standpoint. *Daily News*.

Pannasiha, M. (1990b).Pragñāprabhā 6. In *The history of Dhamma schools and their development*. (pp.12-14).

Ranaveera, A. (ed.). (2003). *Memories of the past 1952-2002*. Colombo: National Institution of Social Development.

Rasanayagam, Y., Ranaveer, A., Liyanage, L., Somananda, O., & Hettiarachchi, C.H.D. (2012). *Professionalization of social work in Sri Lanka*. Colombo: National Institution of Social Development.

Somananda, O. (2016). *Approaches through Buddhism for social work* [unpublished].

Somananda, O. (2018). *Social work in practice: a Sri Lankan experience*. Warakapola: Ariya Publishers.

Wanarathana, R. (2018). *Engaged Buddhism, social change and world peace*. Wadduwa: Sri Lanka Pali Book Association.

Warnapala, W.W. (2009). *Higher education policy in Sri Lanka: New perspectives and change*. Vijitha Yapa Publications.

Yelloly, M., & Henkel, M. (ed.). (1997). *Learning and teaching in social work: towards reflective practice*. London: Jessica Kingsley.

その他

National Institution of Social Development. (2014). *Field educational manual*. Colombo: National Institution of Social Development publication.

LASSW. (2001). *Global qualifying standards for social work education and training.* http:// www.iassw.soton.ac.uk

Sri Lanka central bank report. (2018). https://www.cbsl.gov.lk/en/publications/ economic-and-financial reports/annual-reports

野口忠司編. (2015). 『シンハラ語・日本語辞典』三省堂

第2部

スリランカにおける
仏教ソーシャルワークの実態

　第2部では，スリランカにおける仏教ソーシャルワーク活動の現状を捉える。2つのフィールド調査の結果を紹介する。その一つは優れた実践の事例研究である。もう一つは，より広い文脈におけるこれらの実践事例の代表性，つまり，どの程度一般的に活動が拡がっているのかを明らかにするための悉皆的な調査である。

第2章　6つの優れた実践事例の研究
　　―僧侶とその活動に着目して[1]

H. M. D. R. Herath（H.M.D.R. ヘラ）[2]

Anuradha Wickramasinghe（アヌラダ・ウィクラマシンハ）

　元来，僧侶の一生は人間のスピリチュアルな側面の発達に捧げられるものである。イシパタナにおける最初の仏教説法では，「まずは聴きなさい。そして耐え，ダンマ（法）を実践しなさい。」と述べられた。ブッダは2人の僧侶が同じ道を行かないように，と助言した。これは，僧侶一人ひとりができる限りたくさんの人々を助けられるように，ということを意味する。

　スリランカには4万9千人の僧侶がいて，少なくとも1万5千の寺院があると言われる（CBRGS, 2013）。その主な役割は国民のスピリチュアルな発達と，「ソーシャルワーク」活動の発展にある。国内の日常的な社会活動から，社会的危機に対する国レベルでの活動に至るまで，僧侶は重要な役割を果たしている。たとえば，内戦時や津波災害時に，僧侶は国籍，民族，人種，その他を問わず，復旧や復興のために必要な指南を与えた。さらに，洪水，飢饉，社会的惨事等の国家危機的な状況下においても重要な役割を果たしてきた。

　僧侶は紀元前3世紀から役割を果たしてきたと考えられる。とくに，マヒンダ長老が歴史的に大きな役割を果たした。それらの活動は一般的に記録に残されているが，これまでスリランカの僧侶によるソーシャルワーク活動に関する記述的研究は行われてこなかった。そのため，ソーシャルワークにおける僧侶の正しい役割を研究し解明することが必要である。筆者らは10事例を検証したが，本章では6事例の記述的分析について示す。6つの実践事例にはソーシャ

---

[1]　[和文編者注] 菊池結（編）．(2015)．『アジアにおける仏教"ソーシャルワーク"活動』淑徳大学仏教ソーシャルワーク学術交流センター(pp.13-42)からの転載である。ただし，本巻編者により構成・体裁上の大幅な編集が行われた。

[2]　[和文編者注] H.M.D.R. Herath は H.M.D.R. ヘーラット，Anuradha Wickramasinghe はアヌラーダ・ウィクラマシンハの方が適切であると考えるが，既出の表記に従った。

ルワークの様々な要素が含まれており，それぞれが簡潔に記録されている。その諸事例は，国内では多くの寺院が「ソーシャルワーク」活動を実施していることを示唆する。そのうちのいくつかは国際 NGO と提携，あるいは国内の NGO と協働している。西洋生まれのソーシャルワーク教育を受けた僧侶により実践されるプロジェクトも存在する。僧侶の中にはスリランカの伝統の中で修行し，のちにソーシャルワークの教育を受けた者や，国内でソーシャルワークのプログラムを立ち上げた者もいる。

1　研究概要

(1) 研究の目的

1. ソーシャルワーク分野で仏教寺院や僧侶・尼僧がどのような活動を実際に行っているかについて，できる限り客観的かつ経験的に検証する。
2. 当該地域，とくにアジアにおいて同様の活動を行っている研究者，もしくは学術的知識を有しこの分野における活動に関心のある研究者と情報を共有する。
3. 「仏教ソーシャルワーク」に関する研究や人的ネットワークが発展し繁栄するための基礎を築く。

(2) 方　　法

　本研究には事例研究法を適用した。対象地域としてキャンディ県とクルネーガラ県を選定した。両地域において異なる利益集団と行政官により，優れたソーシャルワーク活動が実践されている 10 寺院が推薦された。うち 8 寺院がキャンディ県（都市部）から，2 寺院がクルネーガラ県（農村部）から選定された。これらの中から，学歴とソーシャルワークの内容を考慮して 6 つの実践事例を選定した。

　回答者である僧侶の生活史における出来事は，「ソーシャルワーク活動」と合わせて，すべて記録された。表 2-1 には推薦のあった 10 人の情報が含まれ，うち 6 人が事例研究対象者である（No.1 ～ 6）。

表 2-1　語り手の僧侶の基本情報

No.	県	学歴
1.	クルネーガラ	ピリウェナ
2.	キャンディ	ピリウェナ
3.	キャンディ	学士，Dip.ED.
4.	クルネーガラ	学士，修士
5.	キャンディ	学士
6.	キャンディ	学士，修士，RP
7.	キャンディ	学士
8.	キャンディ	学士，修士，Dip.ED.
9.	キャンディ	学士，修士，博士
10.	キャンディ	RP

注：Dip.ED.= 教育学ディプロマ，RP=Royal Pandith（仏教関連の学位）

2　僧侶が実践する活動の範囲

　スリランカ全土において，寺院は様々な宗教的活動を行っている。これらの活動は，一般市民や国内の信徒に向けて行われる。実際には，僧侶や尼僧は宗教的活動と「ソーシャルワーク」を分離することはない。なぜなら，その多くが両者の違いを認識しておらず，あらゆる必要な活動は宗教的活動の範疇にあると考えているからである。本研究では，日常的な宗教的活動と「ソーシャルワーク」活動とに分類した。表 2-2 に一般的な仏教活動を示した上で，僧侶の語りに基づきながら「ソーシャルワーク」活動について記す。

　上述の活動は寺院で暮らす僧侶の日常的な活動である。本研究では，これから述べる事例研究の中で見出した活動を「ソーシャルワーク」とみなすことにする。

3　「ソーシャルワーク」活動―6 事例の検討

(1) 第 1 事例―犯罪予防プログラム

　回答者は 1959 年に生まれ 1972 年に僧侶となった。受戒式ののち，彼は新たに，日常的にソーシャルワーク活動を開始した。同時に，クルネーガラ県のウフミーヤ・ピリウェナで高等教育を受けた。最終的に，パーリ語，仏教，その

表 2-2 僧侶の活動

僧侶の日常活動
1. 訪問者のために五戒を唱える
2. 朝，昼，夜の供養（プージャー）で布施（ダーナ）を行う
3. 要望がある場合もしくは必要性を感じた場合にカウンセリングを実施する
4. 瞑想する
5. 参加者の話を聴き，必要な助言を与える
6. 功徳を与えるための儀式等に参加する
毎月の活動
1. 年4度のポーヤ（満月）の日のプログラムに参加する
2. 毎月，宗教的プログラムを実施する
3. 毎月，功徳を与える儀式やその他の宗教的プログラムに参加する
4. 毎月の特別な布施プログラムを行う
5. 個人や地域社会のために特別な宗教儀式を行う
6. 一般住民のために瞑想プログラムを実施する
7. 毎月の檀家会議（ダーヤカ・サバーワ）に参加する
8. 毎月の女性仏教信者の会に参加する
9. 毎週，仏教日曜学校を学童のために実施する
寺院の年中行事
1. ブッダの降誕会，成道会，涅槃会のための大規模な祝祭を実施する
2. 国の宗教的な祝日のプログラムに参加する
3. 受戒式で指導する
4. 毎年，法事（ピンカマ）を実施する
5. 幼稚園の授賞式プログラムに参加する
6. 仏教日曜学校の年中行事を実施する

他の関連科目を履修し高等教育を修了した。その後，他の仏教寺院で犯罪を予防するための訓練を受けた。受戒式ののち，犯罪予防プログラムを自身の寺院で実践することを決意した。

　表2-3はその寺院が行っているソーシャルワーク活動の内容，活動開始年，対象・裨益者，予算，活動の現状等をまとめたものである。

　この寺院の敷地はすべて，宗教施設と住民の利益のために用いられている。寺院が人々の問題を把握した場合，代表者の僧侶の元に意見が集約され，この僧侶が解決策を与える。この僧侶によると，1980年代と比較して，地域では犯

罪率が劇的に減少したという。アルコール依存症も見当たらなくなったという。寺院が主催する開発プログラムは発展的に運営され，貧困レベルが改善した。この代表者の僧侶は地域の行政官に対してリーダーシップを発揮している。

表 2-3　第 1 事例のソーシャルワーク活動

No.	ソーシャルワーク活動	開始年	対象・裨益者	予算・財源・人材	活動の特徴と現状
1.	犯罪予防会	1983	8 人の村人	寺院，警察，有志の人々	・カウンセリング ・講義 ・ワークショップ
2.	老人ホーム	1985	18 人	寺院で雇う 2 人の看護師，毎月 1,800 ルピー	・訓練を受けた 2 人の看護師による活動
3.	平和の会	1985	6 人の村人	行政と寺院	・寺院が主催する紛争解決の会 ・村の他の老人からの支援有
4.	デープティ・子ども開発の会	2006	8 人の村人	代表者の僧侶と寄付者	・子どもの人格育成活動
5.	エコ開発の会	1990	8 人の村人	代表者の僧侶と都市部の寄付者	・環境保護プログラム
6.	福祉の会	1983	8 人の村人	寺院と住民による相互協力	・勤労奉仕 ・住居の建築 ・道路の建設 ・貧困層への支援
7.	ヘルスケアの会（アーユルヴェーダ）	1983	8 人の村人	代表者の僧侶による保健施設への寄付	・社会のあらゆる人々への薬の提供
8.	婦人会	1983	8 人の村人	代表者の僧侶による経済的援助	・女性と子どもの保護 ・食料，衣服，基本生活物資の提供
9.	葬儀組合	1983	8 人の村人	立ち上げ時における代表者の僧侶による寄付，現在自助により運営	・弔慰金 ・会員による葬儀準備 ・寺院による宗教的支援，その他の支援
10.	青年会	1983	8 人の村人	僧侶の指導の下，地域社会の若者が資金調達	・スポーツ活動 ・人格の育成 ・道徳教育

Q：なぜ，ソーシャルワーク活動に取り組んでいるのですか。

　勉強していた時，犯罪行動の防止に関する訓練に参加しました。訓練後，その村で犯罪予防活動を始めました。その後，外部の人の援助を受けて，スピリチュアル開発プログラムを始めました。

　私の使命は人々に奉仕することです。ブッダが「多くの人々の利益のために」（バフジャナ・ヒターヤ）と説いていること，それは私たちが人々の喜びと繁栄

のために働かねばならないということを意味します。人間の喜びと繁栄は，そのスピリチュアルな発展によります。そのようにして，人々は社会経済的な発展も成しうるのです。そのため，犯罪やアルコール依存症を撲滅しようとしたのです。その結果，人々は寺院の大切さに気づきました。人々は寺院を受け入れ，寺院が主催する活動に最大限の援助を提供してくれたのです。

Q：なぜ，紛争解決と犯罪予防プログラムを地域社会のための最初のステップとして選択したのですか。

　いかなる社会を維持するためにも，平和的な精神と身体が必要です。なぜ紛争が存在するのでしょうか。主な理由は政府組織の不正義にあります。ブッダの進言（律蔵 II：84-93）には，アディカラナ・サマタ（滅諍）[3]という，紛争を解決するための7つの段階的な戒律が記されています。つまり，1. 現前毘尼（当事者の参加による審議），2. 憶念毘尼（潔白による無罪），3. 不癡毘尼（心神耗弱・心神喪失による無罪），4. 自言治（自白），5. 多人語（多数決），6. 覓罪相（矛盾の糾弾），7. 如草覆地（和解）です。現前毘尼とは律（ヴィナヤ）に従い，両者が参加する場で質問を行うことで紛争を解決することを意味します。

　私はソーシャルワーク活動を紛争解決と犯罪予防プログラムにおいて実行することから始めました。今では10以上のソーシャルワーク関係の会があり，それらは健全に機能しています。すべてブッダの教義に基づいてこれらの活動を始めました。それは，ブッダの子（ブッダ・プットラ）として受け継いだ教義です。

　徐々に他の会も開始しました。まず，個人の内なる平和の発展を助けるために平和の会を設立しました。これは人格の育成を助けるものとなりました。そして，社会が必要としている分野を包摂する10の会を設立しました。8人の村人たちは今では非常に平和的で幸福な環境の中で暮らしています。

---

3)　［和文編者注］第7章も参照のこと。

(2) 第2事例―入植村におけるスピリチュアルで道徳的で経済的な発展

　1972年に回答者は若くして僧侶になり，1976年にソーシャルワークを開始した。それ以来，活動を継続しており，数々の全国レベルでの受賞歴がある。この地域の宗教的リーダーであり，彼の同意なしに社会福祉やソーシャルワークを始める者はいない。2013年に地方政府が彼の奉仕活動を称えて賞を授与した。その人生は社会経済的活動による村人の幸福のために捧げられているという点で，他の僧侶とは根本的に異なり秀でた存在である。1976年に社会開発活動を始めた当初から，スピリチュアルな発展を強調してきた。かつて，この地域の犯罪率は極めて高く，1976年以前には殺人，強奪，アルコール依存症，逸脱行為等が顕著であった。

　1972年に僧侶になった当時，村の拡張による入植地の中の寺院で暮らしていた。彼はやがて，地域社会はスピリチュアルな発展無くして物質的に発展し得ない，と気づいた。仏教日曜学校（ダハン・パーサラ）のような日常的な活動等を村の若者たちのために実施した。その後，2つの部門を設立し，機能的に運営した。その2部門はスピリチュアルな発展と，物質的な発展を導いた。現在も様々な政府系機関とともに数々の開発プログラムを実施している（表2-4）。2010年には，村人に対する社会開発のリーダーシップを讃える賞を授与された。さらに，国を代表する治安判事に任命されたことがある。

Q：1972年からソーシャルワーク活動を始めたのはなぜですか。

　私の師は社会の中で住民とどのように協力すべきかについて教えてくれました。社会のためにソーシャルワークを行わないと，人々から布施（食事）を受けることができません。もしそうなると，布施は雀の涙ほどの量にしかなりません。住民から布施（食事）を受けるのであれば，住民に対してソーシャルワークや役立つことをする必要があります。

　私のソーシャルワーク活動はすべて仏教の教義に則ったものです。つまり，1. 布施（ダーナ：他者を助けることで優しさを実践すること），2. 戒（シーラ：五戒を守ることで道徳を醸成すること），3. 修習（バーワナー：瞑想を通して知恵を手に

表 2-4　第 2 事例のソーシャルワーク活動

第1部門

ソーシャルワーク活動	開始年	対象・裨益者	予算・財源・人材	活動の特徴と現状
1. 就学前教育	1976	・7人の村人 ・12人の男児と13人の女児が参加	寺院と親	・子どものスピリチュアルな発達 ・人格の育成
2. 青少年のためのランムトゥ・スポーツ会	1977	・7人の村人 ・25人の男児と30人の女児が参加	寺院によりスポーツ用品を提供	・健全な社会 ・社会の統合 ・カースト区分の廃止 ・宗教的影響
3. 成人男性のための会（在家会）	1976	・毎月のポーヤの日の参拝者 ・7村から50人の男性と55人の女性	寺院と村人	・災害救援 ・復興のための資材収集
4. 繊維製品づくりの会	2011	・10人の未就労の高齢女性 ・定期的な作業活動	地方行政社会サービス課と寺院	・当該部門を寺院の建造物に付設
5. 農村開発の会	1963	・農村部の人々のための多機能的な活動（道路の建設，水，地域開発） ・6人の村人	会費徴収と開発活動	・勤労奉仕，農村部での献血，車椅子
6. 青年農業組合	1992	・6人の若い農家	寺院が初期費用を負担，現在は自助運営	・有機農業 ・乳製品 ・伝統的な農耕

第2部門

ソーシャルワーク活動	開始年	対象・裨益者	予算・財源・人材	活動の特徴と現状
7. 青年地域開発の会	2003	6村の青少年	寺院が初期費用を負担	・献眼キャンプ ・献血キャンプ ・障害者への車椅子寄付 ・病院への医療機器寄贈
8. 情報通信技術（ICT）	2014	6村の男女	学校レベルでの政府の協力	・IT教育 ・現代IT社会
9. 一般市民の会	1988/ 1989	6村	警察署や村の協力	・犯罪者から村を保護 ・共同運動
10. ロータリークラブ	1999	6村の男女	ロータリークラブと寺院の共同による初期費用負担	・職業訓練活動
11. サナサ（農村信用組織）	2000	6村	企業の信用活動の支援を得て1つ目の支部を設置	・村のために信用機関を提供 ・住居の建築
12. ヘルスクリニック	2013	各村の障害者	寺院への貢献者によって開始	・栄養のある食事の提供 ・四石稗粥 ・薬草粥（コラ・キャンダ）

入れること）です。

Q：これまであなたは地域社会でソーシャルワークに人生を捧げてきました。なぜそうしたのですか。

　増支部経典（アングッタラ・ニカーヤ）によると，2 つの方法で施すことができます。物質的な布施（財施：アーミサヤーガ）とスピリチュアルな布施（法施：ダンマヤーガ）です。

　仏教的な意味では，施しとは贈り物，布施，慈善等を意味します。それらは物質的な捧げとなります。教義的な施しとはダンマ（法）を広め，唱え，教え，そして議論することです。私はあらゆるソーシャルワーク活動を，先に述べた規律や戒律に従って行ってきました。私たちの専門家意識はブッダの教えに基づいているのです。私たちは人々にいかなる物も要求しません。しかし，私たちが檀家（ダーヤカ）を変えたとき，あるいはその思考方法を変えたとき，より良い行いのための慣例も変化します。

Q：住民の人生に関連する個人的な経験はありますか。

　1976 年に，年に一度の雨安居（ヴァス）のために，僧庵（アーワーサ）に入りました。その地は伝統的な村ではなく，村拡張活動の下で「入植地」としてつくられました。人々は様々な村から入植し，根無し草のような状態でした。この地に来た時，住民らはまるで犯罪者のようだったのです。まるで前近代的な人々のように振舞っていました。

　私はなすべきことを行い，物事が自然に改善しました。今では菩提樹（ボーディ），仏塔（パゴダ），精舎（ヴィハーラ）を有する巨大な寺院が村にはありますが，それらは人々の活動を通して建設されたものです。私の指導の下で，あらゆることが寺院への貢献者の手によって成し遂げられました。今ではとても平和で発展的な地域です。争い事もありません。争いごとが起こると，まずは私の寺院に相談するためにやってくるのです。

Q：なぜ, 他の寺院はこのようなソーシャルワーク活動を行わないのでしょうか。

　異なる体に異なる行為（「ナーナッタ・カーヤ, ナーナッタ・サンニャー」）。すなわち, 人々が同じ様に振る舞うことは期待できません。（注：ソーシャルワークに対する姿勢は彼の個人的な考えに基づいている。そのため, この点に関して彼はコメントしなかった。）

(3) 第3事例―村を超えた郡・県レベルでのソーシャルワーク活動

　この僧侶は1996年にペラデニヤ大学を卒業したのち, ソーシャルワーク活動を開始した。当時, 彼の師である比丘が何者かに暗殺され, 彼は寺院を移った。そして, 別の地で比丘修行所（ピリウェナ）を設立した。彼のソーシャルワークはハリスパットゥワ地域を拠点に行われている。占星術施設も有しており, 人々は寄付をしている。

　回答者のジナシリ師は, 彼の師が貧困層の集団により暗殺されたと考えている。そのため, ジナシリ師は, 教育修了後, 仏教教育施設を設立した。 現在, 43人の弟子がいる。ジナシリ師のソーシャルワーク活動には2つの側面, つまりスピリチュアルな発達と貧困軽減がある。彼は, 農村部では貧困軽減の優先度が高い, と考えている。そのソーシャルワーク活動は村に限定されたものではなく, 郡・県レベルに広がっている（表2-5）。

　なぜ, 郡レベルでこれらの活動を開始したのか。理由として, 1) 仏教保護郡委員会の幹事であり僧侶とのネットワークがあったこと, 2) 郡政策策定委員会へ参加していたため政治的な立場にあったこと, 3) 郡レベルで貿易やビジネスの関係者との連携を促進する宗教活動の主導者であったこと, を挙げることができる。

Q：なぜソーシャルワーク活動を始めたのですか。

　内戦中の1988 ～ 89年に私の師が何者かに暗殺されました。どのように事件が起こったのか, 誰にもわかりませんでした。当時の寺院を離れ, 僧侶の訓練学校の支援を受けて新しい寺院を始めました。そこで, なぜ私の師が殺された

表2-5　第3事例のソーシャルワーク活動

ソーシャルワーク活動	開始年	対象・裨益者	予算・財源・人材	活動の特徴と現状
1. 占星術	1996	全員に奉仕	直営	・一般住民対象
2. 青年会	1996	地域の男性200人，女性200人	初期費用は僧侶が負担	・勤労奉仕 ・瞑想 ・スポーツ
3. 受戒会（シル）（成人対象）	1996	ハリスパットゥワ地域	寺院の自己資金	・月次修行プログラム
4. 自営業協会	2008	キャンディ県の若者	寺院による資金提供，寄付者を募ることの助言	・月次訓練プログラム（ロウソクづくり，マッシュルーム事業，植物栽培，封筒づくり）
5. 退職者協会	2005	郡レベルの機関	現職代表者が活動に寄付	・災害救援 ・献眼プログラム ・車椅子プログラム ・献血
6. 比丘リーダーシップ訓練所	1996	比丘のためのリーダーシップ訓練（苦を和らげる方法，地域活動の方法）	自己資金，政府からの資金援助	・比丘のソーシャルワーク訓練
7. スーリヤ協会（貧困軽減プログラム）	2005	失業中・未就労の若者	複数のグループのコーディネート（ビジネスグループ，貿易事業者，政治リーダー等）	・様々な就業機会訓練を提供
8. 障害者支援	2002	郡・県レベルでの支援グループ	寺院の寄付者	・障害者を特定し支援する過程をモニタリング

のかに気づいたのです。この地域に蔓延している過度の貧困が原因でした。ブッダはアッガンニャ経（起源経）の中で，貧困や，お金，その他の資源の不平等な分配があれば争いが起こる，と述べています。権利が制限された人々は，組織だった方法で他者を破壊しようとします。強盗，暴動，殺人等です。この教訓を得て，私は僧侶のための修行所を設立し貧困軽減プログラムを多数行ってきたのです。さらに，この地域で社会関係資本開発プログラムを発展させてきました。

Q：なぜ，ごく一部の寺院しかソーシャルワークを実施していないのでしょうか。

　寺院に所属する僧侶のほとんどはその役割について理解していません。僧侶には達成すべき使命があり，それは平和で平等な社会をつくることです。この哲学に基づいて働かなければ，社会や社会的道徳は崩壊するでしょう。ブッダ

の要請はソーシャルワークを行うことでした。これは慈しみの心（メッター）に基づいています。比丘や僧侶こそが社会を変えることができる存在なのです。

　私のソーシャルワーク活動の基礎は道徳的な修行にあります。ブッダは様々な道徳的な修行や教訓を広めました。つまり，殺生，窃盗，姦淫，虚言，節制無き飲酒等を避けることです。世界中の犯罪はこれらの五戒をおかすことで起こるのです。

Q：西洋社会に根ざしたソーシャルワーク活動についてどのように考えますか。

　それらの活動（西洋生まれのソーシャルワーク）が取り扱うものは欲望，悪意，恐怖，幻覚によるものです。これらの誤った動機として，人々を曲がった道（アガティ）に導くものは，欲や執着（チャンダ），憎悪（ドーサ），恐怖（バヤ），無知（モーハ）と呼ばれます。こうした概念は西洋の資本主義社会では明確ではありません（増支部経典（アングッタラ・ニカーヤⅡ 142）と長部経典（ディーガ・ニカーヤⅢ 182）に基づいた分析である）。

(4) 第4事例—貧困軽減と識字

　この寺院では1930年に前任者がソーシャルワーク・プログラムを実施して以来，仏教ソーシャルワークの伝統が色濃く残っている。この僧侶は学士と修士を有しており，他機関の地位を持たずに活動している。その人生は仏教ソーシャルワークに捧げられている。

　この寺院はラッムルカンダという裕福な地域にあり，ラジャ・マハー・ヴィハーラ（王宮寺院）と呼ばれる。収益は毎月40万ルピーである。寺院には理事級の僧侶が4人いる。一人は米国にいるが，もう一人は現職の代表者としてこの寺院に在籍している。回答者の僧侶は1982年からソーシャルワークに携わってきた。この僧侶は卒業後に前任者から引継ぎ，地域開発に取り組むことを決めた。寺院には76年間続く仏教日曜学校がある。この寺院では，ブッダの80人の弟子を祝福する年中行事が行われる。この催しによって日常のソーシャルワーク活動の自己資金が得られる。彼は村々へ出向き，異なる年齢層の集団と

ともにソーシャルワーク活動を実施してきた。そのほとんどの活動では，毎月関係者が集まって活動進捗を報告する（表2-6）。

　ソーシャルワーク活動のほとんどが宗教的活動の一部であり，彼の師であった僧侶によって1930年に計画されたものである。その社会活動の主目的は貧困軽減と識字の達成である。彼の師であるシーララタナ師が1930年に寺院を始めた頃，教育や識字の欠如，貧困，栄養失調，アルコール依存症，犯罪が，人々の直面する課題であった。75年間に渡る寺院主導の奉仕の結果，社会は完全に変化した。ほとんどの子どもは仏教日曜学校に通うことが認められ，様々な宗教文化的な活動が行われている。

表2-6　第4事例のソーシャルワーク活動

ソーシャルワーク活動	開始年	対象・裨益者	予算・財源・人材	活動の特徴と現状
1. 就学前教育	1982	35人の男女	50%が当僧侶の自己資金，残りが保護者からの寄付	・就学前教育 ・道徳と人格の育成
2. 成年の会	1930	7村の540人の成人	1930年に寺院のために設立された特別基金	・成人教育 ・カウンセリング ・車椅子プログラム ・献眼 ・防災
3. 婦人会	1930	7村	1930年に設立されたクランガナの会	・毎月開催される受戒会（シル） ・相互支援活動 ・健康プログラム
4. 青年仏教協会	1982	村の青少年	寺院主導の資金調達により十分な財源を確保	・地域活動 ・図書館 ・弔慰金（1件につき1万ルピー）
5. 仏教日曜学校	1936	クルネーガラ県初の仏教学校に510人の生徒と52人の教師	寺院が初期費用を負担	・勤労奉仕運動 ・献血キャンプ ・スポーツ活動の発展 ・年中フェスティバル運営
6. 情報通信技術（ICT）	2005	寺院付近の30人の児童	当僧侶から講師に謝金支払（500ルピー）	・村の若者を対象としたIT知識の発展

Q：なぜソーシャルワーク活動を始めたのですか。

　これは私たちの伝統，すなわち上座部の伝統なのです。お金を稼がなければ家族を養うことはできません。王宮寺院は土地やお金を持っていますが，それは僧侶や個人の利益のためではなく，寺院の維持と宗教活動のためにあります。

　私たちの主な仕事は，ブッダの息子らとして，この地域の人々の人間性を発展させていくことです。それは，物質的発達と結びつく，スピリチュアリティの発達によります。すぐに達成できるものではありません。人々は幼少期から人格育成のためのプログラムを受ける必要があります。現在，寄付によって，子どもから大人までを対象とした機能的なプログラムを実施しています。

　「多くの人々の利益のために，多くの人々の幸福のために」(バフジャナ・ヒターヤ・バフジャナ・スカーヤ)，というブッダの言葉があります。富を集めることは欲望に過ぎません。渇愛 (タンハー) は存在する理由であり，苦が生まれる理由ともなります。苦が生まれる3つの渇愛として，感官による欲愛 (カーマ・タンハー)，存在することに対する有愛 (バーヴァ・タンハー)，存在しなくなることに対する非有愛 (ヴィバーヴァ・タンハー) があります。渇愛は貪 (ラーガ) や熱望 (ローバ) とも呼ばれます。これらはブッダの教えです (注：長部経典 (ディーガ・ニカーヤ) と律蔵 (ヴィナヤ・ピタカ) について説明)。

Q：なぜ，わずかな僧侶しかこうした活動に従事していないと考えますか。

　僧侶の多くがこのような活動に参加していません。その理由は寺院に正しいリーダーシップが欠けているからです。上級の僧侶は修行中の僧侶にソーシャルワークをするよう指導すべきです。私自身，上級の僧侶の下で修業したことがありますが，彼らは私にそうするように促し導いたものです。

Q：なぜ，あなたのソーシャルワークは西洋のものとは異なるのでしょうか。
(注：彼は西洋生まれのソーシャルワーク活動に詳しい)

　なぜなら，私たちの活動は放棄 (断念：アッ・ハリナワー) を真に受け入れるからです。他の宗教では放棄を勧めません。通常，資金，財産，住居を保有しそれに執着しています。他方，私たちの活動はすべて人道，愛，親切心，同情に基づいたものです。

　こうした活動は非常に専門性が高く，かつ資金に依存したものです。貧困地区では，人々はコンサルタントに支払う資金がありません。しかし，スリラン

カ人には豊かな寄付文化があります。この習慣により，裕福な人々は徳を積む
こと（ピン・ラァビーマ）を通じて，貧しい人々を助けることが奨励されてきま
した。これによって集合的意識が育まれ，社会の統合が進んできたのです。

(5) 第5事例—腎臓病と民族統合推進活動

　ミーワトゥレー・ウァジラ師は社会学の学士課程卒業後，修士の取得を目指
していたが，指導教員が亡くなり，叶わなかった。1990年に民族統合推進プ
ログラムを開始した。ウァジラ師は民族問題が国内で非常に深刻なものである
と考え，シンハラ・タミル学校プログラムを始めた。この学校の児童らはすぐ
に仲良くなった。彼はカウンセリングを行うとともに，労働や互助の体制につ
いての教育を活発に行った。その後，自発的な奉仕としてソーシャルワーク活
動を組織化するようになった（表2-7）。

　日常的な宗教活動に加え，腎臓病の蔓延を予防するために保健キャンプ・プ
ログラムも開始した。この活動と並行して，伝統的な穀物の有機栽培の推進，
農家への牛の配布等を行ってきた。なかでも最も重要な活動は，シンハラ人と

表2-7　第5事例のソーシャルワーク活動

ソーシャルワーク活動	設立年	対象・裨益者	予算・財源・人材	活動の特徴と現状
1. 福祉の会	2000	毎年男女150人ずつ	寺院の自己資金	・貧困の軽減 ・乾燥地域に水ボトル提供 ・種籾 ・村の開発
2.「ウィジャヤールタ・カルヤーナ」会（婦人会）	1990	男女100人ずつ	寺院が初期費用を負担。現在は寄付により運営	・毎年の食料寄付プログラム ・女性の福祉 ・信用サービス ・障害者支援
3. ピリウェナ（僧侶のための仏教教育学校）	2000	28人の僧侶と7人の教師	50％は政府資金，50％は寺院の自己資金	・リーダーシップ訓練 ・仏教教育
4. 青年仏教の会	1990	寺院に所属するすべての村	代表者の僧侶の自己資金	・年間2軒の家を貧困家族へ提供 ・有機栽培 ・乳牛の配布 ・スポーツの発展
5. 保健キャンプ	1996	毎年50人	寺院の資源	・献血 ・車椅子の寄付 ・高齢者に眼鏡の寄付

タミル人の社会統合プログラムである。毎月2校以上で同プログラムを実施し，教師および児童の相互協力を促進してきた。

Q：なぜソーシャルワーク活動を始めたのですか。

　僧侶として，私たちは村からの食料の寄進（ダーナ）を消費しています。その代わりに，私たちの主な責任は人々を救済することです。私はとくに腎臓病と民族問題について気にかけています。人格育成に関する活動も私の寺院で行っています。加えて，人々が長く生き，民族間の調和を保障できるように，人々を導かなければなりません。過去30年間[4]，人々は非常に苦い経験をし，たくさん苦しみました。様々な環境下で人々の苦を和らげなければなりませんでした。そこで，2つの形の贈り物を用意しました。仏の教えに基づく贈り物，つまりダンマ（法）の贈り物と，物質的な贈り物です。ダンマやスピリチュアルな贈り物は，説教，人々との教義の議論，教義を説明する本の執筆により可能となります。贈り物は食料，衣服，薬のような物質にもなり得ますが，ダンマの贈り物が他のどのような贈り物にも勝ると信じています（注：増支部経典（アングッタラ・ニカーヤ）と法句経（ダンマパダ）の教えについて説明）。

Q：なぜあなたのソーシャルワークと西洋生まれのソーシャルワークは異なるのでしょうか。

　西洋のソーシャルワークは産業革命後，資本主義による問題を軽減するために始まりました。仏教ソーシャルワークは2,500年も前に，人間の苦を軽減するために始まったものです。僧侶の主要な役割の一つは，人々の苦を和らげることです。

(6) 第6事例―家族・心理カウンセリング・プログラム

　他の事例と比較すると，この寺院は次の3つの活動を展開していることが特

---

4)　［和文編者注］2009年に終結した内戦を指す。

徴的である。すなわち，1. 僧侶の修行施設，2. 森の庵（アランニャ・セーナーサナヤ），3. 一般的な村の寺院，である。これらの3つの場で，社会の利益のために異なる10のソーシャルワーク・プログラムが行われている。そのうち最も特徴的なものは家族カウンセリングと心理カウンセリングのプログラムである。この寺院では毎月5千ルピーを出張旅費として支出している。カウンセリング・プログラムに加えて，防災プログラムを行っている。災害が発生した時や場所を問わず，被害の予防と救済をするために，すべての会を機能させるようにしている（表2-8）。

　この僧侶は経済的に貧しい世帯の出身者である。家を建て，きょうだい全員が勉強できる環境を整えた。彼の宗教的活動は広く波及し，成功を収めた。

　この寺院は都市部の富裕層地域にあり，裕福な人々と密接に交流している。寺院の周辺にはエリート層の人々が居住しており，寺院の要請に応じて金銭や他の資源を寄付している。寺院自体も，様々な地域開発活動を行うための資金を潤沢に有している。

表2-8　第6事例のソーシャルワーク活動

ソーシャルワーク活動	設立年	対象・裨益者	予算・財源・人材	活動の特徴と現状
1. 仏教日曜学校	1984	男児100人と女児100人，16人の教師	寺院の自己資金	・仏教文化学習 ・人格育成 ・リーダーシップ
2.「トゥルヌ・サウィヤ」青年会	1984	75人の男性と80人の女性	成年の会の資源	・貧困層の人々のための家の建築 ・僧侶のための家の建築 ・勤労奉仕プログラム
3. 高齢者ケア部門	1984	毎年50人の高齢者	寺院，寄付者，慈善家による資金	・高齢者宅訪問 ・住居の清掃 ・治療実施 ・カウンセリング
4. 女性奉仕「サーサナ・セーウィカ会」	1984	毎年少なくとも350人の女性	寺院，寄付者，慈善家による資金	・女性のヘルスケア ・宗教カウンセリング
5. 家族カウンセリング・ヘルスケア部門	1990	毎年200家族	寺院によるコーディネート，寄付者による経済的援助	・家族カウンセリング ・防災 ・家族のためのヘルスケア活動 ・精神的な問題への対応
6. 医療サービス	1984	毎年100家族	寄付者	・献血 ・特別な寄付 ・車椅子の寄付
7. 災害救援ケア	1990	あらゆる緊急事態	寺院の資源と寄付	・救済活動

　他の都市部の寺院と比較して，この寺院は家族カウンセリングや心理カウンセリング，地方都市での医療サービス，都市部と農村部の貧困地域における高齢者ケアに焦点を当てたソーシャルワークに比重をおいている。これらの活動は良く知られている。さらに，日常的な宗教活動を支援する強力な青年会や高齢者の会もある。

　この寺院はコロンボのワジラーラーマ寺院に属している。その前任のマデヘー・パンニャーシーハ大師は人々に尊敬されており名声がある。

Q：なぜソーシャルワーク活動を始めたのですか。

　前任者が他の仏教宗派とは異なっていました。私たちは王宮の施設や土地を持っていません。ワジラーラーマ寺院は完全に外部からの寄付で成り立っています。私自身は当初から，21世紀の課題に立ち向かうためにこの活動を始めました。とくに，家族カウンセリングや心理カウンセリングは都市部で重要です。さらに，都市部では高齢化問題もあります。仏教僧団（マハー・サンガ）は高齢者を見守り，その問題解決を助ける義務があります（注：プーティガッタ・ティッサ長老へのブッダの奉仕の逸話を説明）。一般の人々にも奉仕をするように喚起しなければなりません。ブッダは，高齢者や病者の世話をすることはブッダの世話をすることと同じである，と説いているからです。

Q：ソーシャルワーク活動の個人的な経験を教えてください。

　私は毎週，入院患者や，高齢者がいる家庭を訪ねています。その多くが一人身で，心理的支援を受けていません。私や弟子たちの義務は，この種のソーシャルワークに直接的に関与することです。

Q：なぜ，限られた寺院の僧侶だけがソーシャルワーク活動に参加しているのでしょうか。

　最大の要因はソーシャルワークの訓練の有無です。彼らには寺院での決まった仕事があり，それ以上のことを行いません。私たちの師らは，ソーシャル

ワークを行う方法について訓練してくれました。私たちも生徒に対して同様の訓練を行います。もう一つは社会的な需要です。私たちは人類のために働かなくてはなりません。これこそが僧侶の主要な義務なのです。

Q：あなたの奉仕は西洋や NGO のソーシャルワークとはどのように異なるのでしょうか。

　西洋のソーシャルワークはお金に基づいた資本主義的ソーシャルワーク活動です。西洋のソーシャルワーカーは専門職ソーシャルワークについて学びますが，私たちはブッダの教えに由来しているソーシャルワーカーです。私たちは村や街を訪れ，慈しみの心（メッター）を持って人々に接します。慈しみの心は私たちの基本原則です。ブッダは長部経典（ディーガ・ニカーヤ）や分別論註（ヴィバンガ・アッタカター），清浄道論大疏（ヴィスッディ・マッガ・マハーティーカー）の中で語りました。心の落ち着いた状態，つまり四無量心あるいは四梵住（ブラフマ・ヴィハーラ）として，愛情深いという慈無量心（メッター），共感するという悲無量心（カルナー），共に喜ぶという喜無量心（ムディター），落ち着いて接するという捨無量心（ウペッカー）があります。聖典の原文の中では，慈愛の発展が基本的なものとして示されています。

4　結　論

　本章では 10 の実践事例のうち 6 事例を選定して分析した。6 事例では，それぞれ異なる理由によりソーシャルワークが開始されていた。

　第1事例では，僧侶は早い段階で自身の修行を行い，犯罪予防プログラムを開始したのち，徐々にソーシャルワークの分野に関わってきた。

　第2事例では，僧侶の師が人々をどのように助けるかを教授した。すなわち，愛情，親切心，慈悲，寛大さ，人のいのちの尊重である。

　第3事例では，僧侶はソーシャルワーク活動を始めたきっかけとして彼の師の死を挙げた。その僧侶は貧困軽減や青少年活動等の規模の大きいソーシャルワーク活動を政策立案者の援助を受けて企画実施してきた。

　第4事例では，僧侶は師からの影響により，王宮寺院を拠点に仏教ソーシャルワークを行ってきた。彼の日常的なソーシャルワーク活動は人々の寄付と寺院の資金的潤沢さによって賄われている。

　第5事例では，ソーシャルワーク活動は人間に対する深い理解と社会統合の発展の必要性の結果であった。

　第6事例では，僧侶は，寺院での長年の経験を通じて，人々が直面する社会課題を解決するためにソーシャルワーク活動を開始した。21世紀において，家族間の争いを収めることや，高齢化問題等に対する活動を行うことに際して，物質的な発展だけでなくスピリチュアルな発展を促すことも重要である，とした。

(1) 教育的背景とソーシャルワーク実践

　本章において，僧侶の学歴がソーシャルワーク活動に影響している様子は見受けられなかった。たしかに，4人は修士課程修了者であり，仏教に関する深い知識を持っていた。しかし，大学を卒業していない2人も同様にソーシャルワーク活動を行っていた。

(2) ソーシャルワーク活動を始めた理由

　僧侶にソーシャルワーク活動を始めた理由を尋ねたときの回答は，1.修行，2.師である僧侶からの影響，3.ブッダの教え，4.組織，であった。これら4要因はブッダの教義と教えの会得による影響である，と考えることができる。

(3) 国際的な（西洋の）ソーシャルワーク活動と，スリランカにおける機能的な仏教ソーシャルワーク活動

　回答者らの観点からすると，国際的な（西洋の）ソーシャルワーク活動は産業資本主義に基づいた教育に高度に依存したものである，と考えられる。しかし，スリランカの僧侶によるソーシャルワークは，スピリチュアルな発展と教義の根本原則，つまり，戒（シーラ），三昧（サマーディ），般若（パンニャー），

解脱（ヴィムッティ）に基づいている。そして，スピリチュアルな発展は，4つ
の真理（四諦）の理解，すなわち，苦諦（ドゥッカ・サッチャ），集諦（サムダヤ・
サッチャ），滅諦（ニローダ・サッチャ），道諦（ドゥッカ・ニローダガーミニ・パティ
パダー）を促す。

　ソーシャルワークに関する東洋的な概念は，西洋のソーシャルワークの概念
とは完全に異なる。仏教に基づいた実践的なソーシャルワーク・プログラムは，
それぞれが根本的に異なる社会的な概念の基礎を持つものとして研究されるべ
きである。

参考文献

Buddhist commission report. (2002).

CBRGS. (2013). *Central bank Sri Lanka annual report.* Colombo: Department of
　Government Printing.

Central bank Sri Lanka annual report. (2013).

ISWEBM policy document. (2013).

Ministry of Buddha Sasana diary. (2014).

僧侶によって参照されたパーリ語聖典

1. 律蔵（Vinaya Piṭaka）II, pp.84–93.
2. 増支部経典（Aṅguttara Nikāya）
3. 起源経（Aggañña Sutta）
4. 長部経典（Dīgha Nikāya）
5. 法句経（Dhammapada）
6. 分別論註（Vibhaṅga Aṭṭhakathā）
7. 清浄道論大疏（Visuddhi Magga）

第3章　北中部州における仏教ソーシャルワーク実践の分析

　第2章で検討したような優れた実践事例は，全国ではどの程度の代表性を持つのだろうか。プロジェクト開始当初，全国を対象とした悉皆調査を検討した。しかし，財源および人的資源の制限と，調査実施者の関心から，仏教ソーシャルワーク教育のためのカリキュラム・デザインに必要なデータを収集することを目的とし，地域を限定した調査へと計画を変更した。本調査では悉皆調査の基本的な方針は維持され，広範囲の地域（ただし，合目的に選択）における寺院の僧侶と尼僧による「ソーシャルワーク」の全体像を捉えることに成功した。本章は，「実践に基づく調査研究（Practice-based research: PBR）—仏教ソーシャルワーク高等教育のためのカリキュラム・デザイン」にて得られた調査データを分析した2論文により構成される[1]。すなわち3-1節，プロジェクトの調査代表によって執筆された研究費助成機関向け暫定報告書[2]における調査結果（編者により一部編集[3]）と，3-2節，外部研究者による英訳データの再分析である。

---

1)　研究者や学者によっては本調査の正確性，厳格性，信頼性，あるいは調査票の設計からデータの収集，集計，分析までの全過程にいくつかの疑問を呈するかもしれない。本書編者はこれに同意するが，データの価値と重要性を考え，この2論文を本書に含めることとした。実際，本調査は他の文献・資料からは決して得られない数多くの貴重なデータを提供する。
2)　本調査は文部科学省私立大学戦略的研究基盤形成事業助成金により実施された。
3)　原則として，構成・体裁上の編集（節，項，段落等の順序の変更，重複する記述の削除等）のみがなされており，内容（データおよび情報の正確性，厳格性，分析，解釈等）に関する編集はなされていない。

第 3-1 節　仏教ソーシャルワーク高等教育のカリキュラム・デザインに必要なデータ収集―実践に基づく調査研究 (PBR)

研究代表：Anuradha Wickramasinghe（アヌラダ・ウィクラマシンハ）

研究協力：Chandana Kodituwakku（チャンダナ・コディトゥワック）

Jayathilake Perera（ジャヤティラカ・ペレーラ）

　実践に基づく調査研究 (PBR)[4] は特徴のあるアプローチであり，スリランカにおける僧侶と尼僧による伝統的なソーシャルワークや奉仕活動を検証することを目的に実施された。その検証によって，僧侶が行う仏教ソーシャルワーク活動に実証的な標準化がもたらされるであろう。本研究により，アヌラーダプラ県内にある比丘大学と，設置が検討されている国際仏教ソーシャルワーク教育研究所 (ISWEBM) における修士，学士，ディプロマの仏教ソーシャルワーク・プログラムの発展に寄与することが期待される。

　PBR により，仏教ソーシャルワークのカリキュラム開発に関連する知識と理解を推進すると同時に，僧侶や尼僧のソーシャルワークの実践を評価することにもつながった。実践，発表，関係者へのフィードバックを通じた学習過程は，仏教ソーシャルワークの教育プログラムの本質を知る上で重要であった。PBR を開始する際に立ちはだかる困難さは，主に僧侶と尼僧の多様な関与にあった。僧侶と尼僧が葬儀，慈善，カウンセリング活動等の様々な社会活動に従事していたからである。それらの活動のため，調査チームは数回に分けて各寺院を訪れた。実際には難しい課題があったが，収集したデータの分析が進むと，調査チームは本研究の重要性に気がついた。僧侶と尼僧は自己のための時間を持っていないことが判明したのである。つまり，僧侶と尼僧はすべての時間を他者の慰安と解放のために費やしていた。

---

4)　執筆者は「実践に基づく調査研究 (PBR)」について独自の定義と理解を持つ（別添 2「背景情報」参照）。読者によっては，この用語の使用に疑問を持つかもしれない。混乱を避けるために，本章で便宜的に用いる PBR は本調査の呼称であると見なされたい。

　PBRにより僧侶と尼僧の活動に関して分析しながら，地域社会の考えや営みにもたらす波及効果についても検討した。僧侶と尼僧は地域社会と不文律のつながりを持っている。僧侶と尼僧による奉仕は地域社会のための生きる信仰であることを観察した。長く続く強いリーダーシップが地域社会と僧侶の間に存在している。調査チームは，他のソーシャルワーク活動では地域社会とソーシャルワーカーの間にこのような関係性を築くことはできないだろう，と結論づけた。

　本研究では，北中部州のアヌラーダプラ県とポロンナルワ県にある406の寺院を対象とした。その406寺院はスリランカ社会におけるすべての寺院，僧侶，尼僧を象徴している。歴史的に見ると，この2県はかつて17世紀以上に渡って国の首都であり，仏教は地域社会の生きる信仰であった。他方，スリランカは1948年の独立まで植民地支配を受けていた。その時代から現在，そして未来に至るまで，この2県は，大きな生きる力である僧侶と尼僧によって支えられ，平和を愛し文明的な人々にとって社会文化的な中心地となっている。

　調査チームは淑徳大学アジア国際社会福祉研究所（ARIISW）の秋元樹教授に謝意を表する。秋元教授はスリランカの僧侶と尼僧による仏教ソーシャルワークの実践に基づく研究に，経験的な指導，指南，資金的支援をもたらした。また，本調査に貴重な時間を割いてくれた僧侶と尼僧にも敬意を表する。

フィールドでの経験—献身的な僧侶と尼僧

　僧侶と尼僧と協働し，また長き伝統に根ざす彼らの歓待を受けたことは素晴らしい経験である。調査チームが出会った僧侶と尼僧は献身的で，人生を地域社会の改善のために捧げていた。下記は，献身的な僧侶と尼僧による何千もの物語のうちの一部に過ぎない。語り手の2人の僧侶は村の女性と農民の肝移植ドナーであった。別の僧侶は，北部州と東部州でサイクロンや津波の被害を受けた人々のための生活必需品提供に携わっていた。また，ある僧侶は，未払いの農地税のために出廷を求められた農民のために弁護士を手配していた。さらに別の僧侶は献血に毎月参加し，病院やガン専門院に血液を提供していた。このように，地域社会のライフラインの一部となっている僧侶や尼僧の物語が多数存在する。

1　研究概要
(1) 目　的
　第一の目的は ISWEBM の仏教ソーシャルワーク教育プログラムのカリキュラムを再デザインすること，第二の目的は比丘大学で開設予定の仏教ソーシャルワーク教育に関する高等教育課程のカリキュラムをデザインすることである。

(2) なぜ PBR か
　スリランカの教育体系には大きなギャップが存在することはよく知られている。仏教国であるが，仏教ソーシャルワーク教育施設は存在しない。高等教育機関のカリキュラム全体を検証し分析したところ，僧侶らの資金援助を受ける大学や「ピリウェナ」と呼ばれる特別な仏教教育機関にさえ，仏教ソーシャルワーク教育に特化した課程は開設されていないことが明らかとなった。西洋のソーシャルワークに基づいた課程は国立社会開発研究所（NISD）で提供されており，ディプロマ，学士，修士を取得することができるが，仏教ソーシャルワーク教育に関連する課程や科目は一つもない。PBR において，僧侶と尼僧の82％以上は，仏教ソーシャルワークを推進するために独立した研究機関が必要である，と回答した。なぜなら，アヌラーダプラ県やポロンナルワ県にある農村部や僻地，つまり限られた資源しかない環境下で，僧侶と尼僧は献身的に奉仕しているからである。

(3) 実践的な問い
　僧侶らのためのソーシャルワーク・カリキュラムはどのようにあるべきか。それは，僧侶や尼僧によるソーシャルワークに関する実践知の集積に基づくべきである。たとえば，9カ月間の実践に基づいた知に関する調査，僻地での3カ月間のプロジェクト，PBR に関する先行文献研究を含む論文発表等から得られた知見が含まれるべきである。

(4) リサーチ・クエスチョン

　僧侶と尼僧は何を成し遂げてきたのか。それらはなぜ，どのようにソーシャルワーク分野と関連があるのか。我々のカリキュラムが基づくべきソーシャルワークとは何か。

> フィールドでの経験—でこぼこ道，森，移動する象
> 　研究対象となった地域は，悪路のため地理的に厳しい環境にあった。街中から 15 ～ 20km 離れたところに存在する寺院もあり，ほとんどの道路は森林を横切るように敷設され，道中には象も見られた。寺院への道は舗装されていないことが多く，僧侶や尼僧は地域住民とバイクやオート三輪で移動していた。

(5) 理論的根拠

　PBR を用いる目的は，僧侶と尼僧がどのように地域社会と活動しているかを把握し分析すること，そして地域内でその因果関係を解明することである。この目的の下，比丘大学と ISWEBM で応用する仏教ソーシャルワークの概念と理論を含む実践的カリキュラムを発展させる計画が立てられた。これにより，僧侶と尼僧は学術的な根拠を持って，地域の日常生活にある社会的な問題を専門的に解決し乗り越える力を得ることができる。

(6) 方　　法

　僧侶と尼僧の社会的地位等を考慮しながら，情報収集にはいくつかの方法が用いられた。僧侶は絶対的な真理を念頭に置く傾向があり，調査者はとくに最高僧の態度や感情に配慮しなければならなかった。調査チームは僧侶と尼僧から情報を収集する際に，以下の方法を用いた。

- ・寺院への訪問と，僧侶と尼僧との形式ばらない対話：調査チームは僧侶と尼僧の勤めに感謝し，その奉仕の歴史と成果についての議論から開始した。
- ・調査票：議論の途中で，特定項目について尋ねるときに使用した。
- ・地域住民による評価：就学前教育施設の教師，婦人会のメンバー，高齢者等，僧侶と尼僧から奉仕を受けている地域住民を交えた評価も行った。
- ・村行政官との会合：僧侶と尼僧の奉仕について議論した。

・現場視察：就学前教育施設，青年会，地方病院等，僧侶と尼僧の奉仕が
　行われる場を視察した。
・観察：僧侶と尼僧による日常的な活動を調査チームが観察した。

(7) 期　　間

　本調査は 2015 年 3 月 1 日から 12 月 28 日まで実施された。

(8) 対象─調査地と寺院

　アヌラーダプラ県とポロンナルワ県の 30 郡のうち，8 郡に存在するすべて
の僧院と尼僧院を対象とした（図 3-1）。対象寺院の総数は 406 である（アヌラー
ダプラ県内の 206 寺院，ポロンナルワ県内の 200 寺院）。両県には総数として約 1,400
の仏教僧院が存在する（仏教省仏教課登録情報）。

図 3-1-1　アヌラーダプラ県とポロンナルワ県の地理的位

(9) なぜアヌラーダプラ県とポロンナルワ県が選ばれたのか

(i) 歴史的，政治的，地理的要因：北中部州はアヌラーダプラ県とポロンナル
ワ県により構成されている。両県とも歴史的，政治的，宗教的に重要である。
17 世紀もの間に渡り，この地域が首都であったからである。紀元前 3 世紀か

ら紀元後 9 世紀にかけて，アヌラーダプラはよく統制と計画がなされた首都であった。紀元前 3 世紀にインドのアショーカ王の息子であるマヒンダ長老によって，アヌラーダプラにあるミヒンタレー山を拠点に仏教が公伝された。10世紀以降は，南インドの侵攻により，首都はポロンナルワへと移転された。それから 3 世紀の間，ポロンナルワはスリランカの首都となった。仏教寺院や聖地のほとんどは，17 世紀もの間に，スリランカの統治者の庇護の下，この地域との連携により発展した。統治者も仏教徒であり，仏教寺院や教育機関を村や町と協力して立ち上げ，灌漑設備等も整備した。

(ii) **社会的要因**：仏教寺院は紀元前 3 世紀から現代に至るまで，アヌラーダプラとポロンナルワの社会的発展に大きな役割を果たしてきた。しかし，政治的および気候学的な理由から，この地域は 3 世紀もの間，未開発となった。1935年以降，膨大な灌漑設備の再建事業に伴い，この地域の古代遺跡が発掘された。灌漑と経済的インフラの再建により，人々は高地から西側へと移住し，灌漑用水近くや北部の寺院の近くに定住した。この変化により，北中部地域は勢いを取り戻すことができた。この開発の主要なリーダーは僧侶らであり，地域社会はその導かれる道を現在も未来も辿り続ける。僧侶らは教育，社会開発，経済発展の要である。学校が寺院の周辺に設置され，用水地や貯水湖が経済発展を象徴するという概念が広まり，さらに寺院はスピリチュアルで教育的な発展を象徴するようにもなった。

(iii) **政治的要因**：1978 年の憲法制定，政治的権限委譲，その他の変化に伴い，分権化の動きが州政府体制とともに広まった。国家方針は変わることはなかったが，州政府はあらゆる計画と実施を統括し決定を行える裁量を持つようになった。この状況下で，僧侶と尼僧は地域の政治家と密接な関係を構築するようになった。他方，それまで僧侶や尼僧が持っていた社会的なリーダーシップは変わることがなく，地域社会が政治家の支援を必要とする場合には，寺院が仲介や調整を担った。

(iv) **環境的要因**：両地域は，マラリアとともに，化学堆肥や殺虫剤に起因すると言われる腎臓病によって深刻な影響を受けてきた。腎臓病患者は 1 日当たり

13 〜 16 人が亡くなっており，透析設備を持つ病院は約 2 千人の患者を受け入れるように要請されている。世界保健機関（WHO）によると，北中部州における腎臓病患者は 15 万人と推計されている。原因不明の慢性腎臓病（CKDu）は，多くの人々の社会経済上の生活に影響を及ぼし，国家にも多大な損失をもたらす。栄養不良は飢饉に苦しむ農村部において深刻であり，僻地の 34％の子どもが栄養価のある食料を摂取できていない，と言われる。地域社会において水が最も価値のある資源であり，住民は 10 月から 12 月の雨季に灌漑用水湖に水が溜まるのを，不安を抱きながらも待ち望む。アヌラーダプラとポロンナルワでは大規模病院や支援施設の利用は可能である。

アヌラーダプラ県

　コロンボから約 205km の北中部に位置する。アヌラーダプラは古代の聖都であり，シンハラ文明誕生の地，そして紀元前 4 世紀ごろに設立されたスリランカ初の首都と考えられている。14 世紀以上に渡って首都として機能し続け，南アジアの中で最も安定的な中核都市の一つとして栄えていた。現在，その偉大な歴史から，アヌラーダプラは仏教徒や歴史家，考古学者の間で人気を博している。アヌラーダプラは巨大な仏教遺跡や，ブッダが涅槃に到達した木の挿し木から育てられた聖大菩提樹があるために有名である。アヌラーダプラは国際連合教育科学文化機関（UNESCO）により世界遺産として認定され，文化三角地帯を形成している。

　巨大な寺院，王宮，僧院，壮麗な沐浴用の池，像，貯水湖，野生動物，灌漑設備等の遺跡を有する素晴らしい地であるとともに，農業についても有名である。アヌラーダプラ県は国土の 10.9％を占め（6,664km²），人口は約 86 万人である（2012 年）。23 郡と 694 行政村（村官使グラーマ・ニラダーリを配置）により構成される。1,200 以上の僧院や尼僧院があり，主要な灌漑設備と連結されている。村の灌漑設備の周辺には，11 世紀までの間に 620 寺院が建設され，さらに 580 寺院が灌漑再構築期に建立された。PBR の実施にあたり，23 郡にある 1,200 寺院の中から 206 寺院を選定した。なお，県内には僧侶のための大学

と一般の大学がある。

ポロンナルワ県

　古都ポロンナルワは国内で最も計画的につくられた遺産都市の一つであり，現代まで王国の歴史的な繁栄を象徴している。古都ポロンナルワは世界遺産として認定されている。そして，ポロンナルワはスリランカで最も美しい街の一つとして知られる。緑地環境，古代遺跡，1200年につくられた巨大な貯水湖（パラークラマ・サムドゥラ），魅力的な野生動物や象が生息する公園等がその所以である。古都ポロンナルワは統治者によって設置された巨大な灌漑設備と 10 万ヘクタール以上の穀物地帯を有する農業地域である。住民の多くは仏教を信仰しており，古代仏教教育のための僧院がディンブラガラの近くに設立された。寺院，僧侶，貯水湖は現代においてもポロンナルワの象徴と言われる。ポロンナルワ県の面積は 3,077 km^2 で，人口は約 40 万人（2012 年）である。ポロンナルワ県には 7 郡がある。360 寺院があり，そのうち 200 寺院が調査対象として選定された。

2　結　果

　以下，主に調査票で得られた回答の分析に焦点を当てる。

(1) 対象の寺院と僧侶・尼僧の特徴

　アヌラーダプラ県とポロンナルワ県で訪問した寺院の分布を表 3-1-1 と 3-1-2 に示した。訪問した寺院総数は 406（206 がアヌラーダプラ県，200 がポロンナルワ県）で，その内訳は 266 僧院と 140 尼僧院である（表 3-1-1，3-1-2）[5]。

　1 寺院あたりの僧侶と尼僧の数は，アヌラーダプラ県で約 1.2 人，ポロンナルワ県で約 1.3 人であった。アヌラーダプラ県では約 29%，ポロンナルワ県では約 20% の僧侶と尼僧が宗教活動のみに従事していた。約 70 ～ 80% の僧侶

---

5)　[和文編者注] 英語版において，数値の整合性が取れないため，本書では適すると推測される数値に修正した。

と尼僧が宗教活動だけでなく「ソーシャルワーク」にも従事していたことになる。調査対象のうち，全体に占める尼僧の割合は2県で大きく異なった（約60％と約85％）が，この差異の要因は明らかではない。

　1寺院当たり平均で約367世帯に対して（あるいは6～10の村で）活動していた。実際，寺院と地域社会との間には密接な関係がある。

表3-1-1　アヌラーダプラ県内の訪問先寺院の概要

No	郡	対象の寺院数	寺院在籍者総数 (A=B+C)	従事する僧侶と尼僧の人数	
				ソーシャルワークと宗教活動の両方 (B)	宗教活動のみ (C)
1	メダワッチヤ	33	42	32	10
2	ランベワ	30	36	28	8
3	ミヒンタレー	26	31	23	8
4	カビティゴッラワ	26	29	24	5
5	全域の尼僧数	91	91	54	37
	総数	206	229	161	68

表3-1-2　ポロンナルワ県内の訪問先寺院の概要

No	郡	対象の寺院数	寺院在籍総数 (A=B+C)	従事する僧侶と尼僧の人数	
				ソーシャルワークと宗教活動の両方 (B)	宗教活動のみ (C)
1	タマンカドゥワ	67	74	67	7
2	メディリギリヤ	41	53	41	12
3	ランカプラ	23	39	23	16
4	ウェリカンダ	20	27	20	7
5	全域の尼僧数	49	59	49	10
	総数	200	252	200	52

(2) 分　類

　地域社会におけるリーダーシップとファシリテーションは僧侶と尼僧の最重要な役割の一つである。寺院に在籍する406人の僧侶と尼僧が，PBRの調査票（別添1）に回答した。回答内容を下記のように分類した。

(i) 僧侶と尼僧のソーシャルワーク活動の分類

　表3-1-3に，回答者の僧侶と尼僧によるソーシャルワーク活動の分類結果を示した。

・100% の僧侶と尼僧（訪問先の寺院には少なくとも一人の僧侶か尼僧が在籍）は住民の冠婚葬祭を含むあらゆる社会的な行事に参加していた。地域住民は加護を受けるために僧侶や尼僧に事前に知らせるのである。

・91% の僧侶と 94 % の尼僧が就学前教育施設，青年会，婦人会を組織化していた。

・100% の僧侶と尼僧が地域社会にある組織の代表を務めていた。

・73% の僧侶と 68% の尼僧が若者の行動・人格育成プログラムに貢献し，家庭訪問や家庭問題の解決，仲裁，あるいは地域社会内の紛争解決等を行っていた。

・100% の僧侶と尼僧は，防災・救援活動，貧困家庭のための住居建築やその労働力の確保，衣類・食料・薬等の寄付，浄水の提供と腎臓の提供，献血活動の運営，あるいはガン専門院の入院患者への食糧と薬の提供を行っていた。

・100% の僧侶と尼僧が仏教カウンセリングや心理的癒しを行っていた。

・13% の僧侶が薬草やアーユルヴェーダによる治療に関わっていた。尼僧に該当者はいなかった。

・4% の僧侶が老人ホーム，孤児院，障害者施設の運営に関わっていた。

・72% の僧侶と 12% の尼僧が，無料医療キャンプや眼科の運営，病院訪問による幼児や高齢者への薬の提供，あるいは腎臓病予防のための浄水の提供を行っていた。

・13% の僧侶と 4% の尼僧が刑務所を訪れ，囚人への助言とカウンセリング，囚人の福祉のための権利擁護を行っていた。

・100% の僧侶と 88% の尼僧が村の開発活動に携わっていた。村のために活動を支える代理人の役割を担ったり，行政・民間機関に対する援助要請を行ったりしていた。

・62% の僧侶が農業用水管理の導入，種の配布，植樹，収穫作業に関わって
　いた。尼僧に該当者はいなかった。
・22% の僧侶と 6% の尼僧が学校，大学，仏教学校，職業訓練校において，
　中退した若者のために教育を提供していた。

表 3-1-3　僧侶と尼僧のソーシャルワーク活動の分類

No.	項目	従事する僧侶・尼僧が1人以上在籍する寺院数（A=B+C）	従事する僧侶数（B）	従事する尼僧数（C）	従事する僧侶数（B）／訪問先寺院数（n=266）	従事する尼僧数（C）／訪問先寺院数（n=140）
1.	冠婚葬祭等の社会的行事	406	266	140	100%	100%
2.	就学前教育施設，青年会，婦人会の運営	374	242	132	91%	94%
3.	地域社会の組織の代表	406	266	140	100%	100%
4.	若者の行動・人格育成プログラム，家庭訪問や家庭問題の解決，仲裁，あるいは地域社会内の紛争解決等	292	196	96	73%	68%
5.	防災・救援活動，貧困家庭のための住居建築やその労働力の確保，衣類・食料・薬等の寄付，浄水の提供と腎臓提供，献血活動の運営，ガン専門院の入院患者への支援	406	266	140	100%	100%
6.	仏教カウンセリングや心理的癒し	406	266	140	100%	100%
7.	薬草とアーユルヴェーダによる治療	34	34	0	13%	0%
8.	老人ホーム，孤児院，障害者施設	12	12	0	4%	0%
9.	無料医療キャンプや眼科の運営，病院訪問による幼児や高齢者への薬の提供，腎臓病予防のための浄水提供	224	192	32	72%	12%
10.	囚人への助言とカウンセリング，囚人の福祉のための権利擁護	42	36	6	13%	4%
11.	村の開発活動，村の代理人の役割，行政・民間機関への援助要請	406	266	124	100%	88%
12.	農業用水管理の導入，種の配布，植樹，収穫作業	278	166	0	62%	0%
13.	中退した若者のための教育	67	59	8	22%	6%

(ii) 僧侶と尼僧の教育背景

　僧侶や尼僧としてソーシャルワーク活動を行うに際して，学歴や職歴は無関
係であるとみられた。100% の僧侶と尼僧は「袈裟を着ることを許された時」
こそ，人々とともに働くことが認められる時であると報告した。地域住民もそ
れに同意した。

・90% の僧侶が大学で学習しており，そのうち 20% が大学院を修了していた。

・12% の尼僧のみが中等・高等教育を修了していた。100% の尼僧が仏教学習を修了していた。

・ソーシャルワーク専門職課程を修了した僧侶や尼僧はいない。

・62% の僧侶と 88% の尼僧が「仏教に基づいたソーシャルワーク専門の高等教育は，ディプロマ，学士，あるいは修士レベルであるべき」との意見に賛同した。

・48% の僧侶と 12% の尼僧が，身につける「袈裟」は地域社会で活動する際に最も信頼される証である，と述べた。

(iii) 僧侶と尼僧の社会経済的状況

・社会開発のネットワークや専門職ソーシャルワーク組織に属する僧侶や尼僧はいなかった。行政・民間組織のライセンスを有している者もいなかった。宗教的ネットワークのみを有していた。

・僧侶らは常勤の奉仕職とも言え，ライセンスは袈裟である。研究に協力したすべての僧侶や尼僧が，人々に尊敬されている，と認識していた。ある回答者は，「住民は自分たちの食料であっても，僧侶や尼僧に寄進してくれます。その代わりに，私たちは何をすべきでしょうか。私たちは地域社会の保護者であり救済者です。私たちの奉仕に対して，給料や賃金は発生しません。私たちが手にするのは必需品，つまり食料，住居，薬，袈裟です。それで十分です。私たちは地域社会であらゆる悪や悲しみから民衆を守っているのです。」と語った。

・ある僧侶は，「高熱にうなされ寺院で休んでいる時でも，地域住民が亡くなったと知らされることがあります。私は葬儀に出向き，その家族の悲しみや苦しみを和らげなければなりません。」と語った。

・アヌラーダプラ県の他の僧侶は次のように語った。「村では，ある 2 人が腎臓を失いました。薬が手に入らなかったのです。腎臓を移植するためには，病院の長期間の登録予約を待つか，誰かに 50 万ルピーを支払うしかありま

せん。この話を聞いた時，明朝にアヌラーダプラの病院に行って，『心配しなくてよいのです。私の腎臓をあなたに差しあげます。』と言いました。医師らは私の血液を調べ，彼の血液と適合すると教えてくれ，手術が行われました。今，彼は家族と幸せに暮らしています。私に身体的な問題は起きていません。私は今でも様々な家庭を訪れ，助言や指導をするなど，食料や衣服を寄付してくれる地域住民の健康と幸福のために働いています。」

・28% の僧侶が家庭問題を解決していると回答した。また，90% 以上の地域住民は飲酒をしておらず，違法薬物使用もないと答えた。ある僧侶は，「薬物の売買を防ぎ，住民を守るために地域社会の監視体制を導入しています。」と語った。

・ポロンナルワ県では，ある僧侶が高齢の僧侶を助けるために小規模の「僧侶病院」を開院した。経営する僧侶は一般住民に腎臓を提供した。

(ⅳ) 信徒の反応 (社会的インパクト)

　調査期間中，678 人の信徒（アヌラーダプラ県にて 402 人，ポロンナルワ県にて 276 人）が僧侶や尼僧の奉仕に対する経験や意見を共有した。以下はその概要である。

・100% の信徒が僧侶と尼僧による宗教的奉仕に賛同した。
・89% の信徒は，僧侶以外には，家庭や村での生活に関する問題を共有してくれるような社会的なリーダーがいないと，感じていた。
・100% の信徒が僧侶や尼僧との親戚・親類関係にあった（ただし，遠近問わず）。
・92% の信徒が，すべての家庭にとって最も信頼できる存在が僧侶や尼僧である，と考えていた。
・100% の信徒は，家庭問題が僧侶や尼僧によって解決される，と答えた。僧侶や尼僧は，性別や年齢を問わずあらゆる人々の悲しみを受容し，信頼に足る存在である，と答えた。
・22% の信徒は，僧侶による政治介入について反対意見を持っていた。

・100%の信徒は寺院に食料，衣服，薬，住居等を提供していた。

・100%の信徒は，いかなる災害においても，僧侶や尼僧こそが最初に駆けつけ助けてくれる存在である，と感じていた。

(v) 寺院の維持

・67%の僧侶と46%の尼僧が，ジコクビエ，ココナッツ，穀物等の畑を寺院内に有していた。その収穫は寺院の維持のために使用されていた。

・残りの僧侶と尼僧は寺院内に所有地を持っていなかった。信徒が寺院管理に直接的に関わっていた。

・行政の仏教局が寺院改修に資金援助を行うことがあった。しかし，「この支援は寺院を管理するには不十分である」，とすべての僧侶と尼僧が答えた。

・寺におけるすべての必需品が信徒から提供されていた。

(vi) 仏教ソーシャルワーク教育

・62人の僧侶と88人の尼僧が「可能なら，大学等が実施する仏教ソーシャルワークの高等教育を受けたい」と答えた。

・すべての回答者は，僧侶と尼僧の奉仕に対する評価は内在的なものであり，袈裟を着ることを許された時からソーシャルワークを行う資格があると考えていた。48%の僧侶と尼僧は，信頼に足る証は教育機関からの修了書というよりは，むしろ「袈裟」であると述べた。

・調査期間中，6人の僧侶とすべての尼僧が比丘大学に誇りを抱いておらず，同大学は徐々にその主目的を見失っていると感じていた。彼らに学術的なプログラムは提供されていなかった。

(vii) 効　果

a. 僧侶と尼僧の技法とコンピテンシー

　僧侶・尼僧の実践におけるコンピテンシーについて分析した。

・100%の僧侶が説得力のある会話法を会得していた。

・44% の僧侶は英語による会話と読み書きができた。また，4% の若い尼僧は英会話が可能で，英語により仏教を教える能力があった。
・22% の僧侶が工学に関する知識を有していた。たとえば，村の道路敷設，住宅建築，灌漑を使用した浄水と用水等についてである。僧侶らは一般住民の相談役でもある。農村部の生活に関わる多くの開発組織では，僧侶や尼僧が運営リーダーであった。
・地域社会において信頼できる他者に関して，調査により，僧侶以上に信頼される人物はいないことが明らかとなった。
・僧侶や尼僧は協力する能力を持っていた。いかなる提案についても，注意深く検証し終えるまで，決して拒否することはなかった。

b. 他組織との関係性

・僧侶らは NGO や他の支援機関とも協働することがある。とくに，政府機関やその代表者と協働することが多い。
・地方行政の社会サービス課は日ごろから僧侶や尼僧と協力し，村にサービスを展開している。

表 3-1-4　僧侶・尼僧のための教育訓練ニーズ (カリキュラムに含まれるべき分野)

	ニーズ項目	賛成した回答者の割合	含まれるべきカリキュラム
1	就学前教育施設，青年会，婦人会の運営	48%	就学前教育，ジェンダー開発
2	地域社会の組織の代表	100%	リーダーシップ・マネジメントの理論と知識
3	若者の行動・人格育成プログラム，家庭訪問や家庭問題の解決，仲裁，あるいは地域社会内の紛争解決等	48%	カウンセリング，心理学，紛争解決，民法・刑法，プロジェクト計画・デザイン
4	防災・救援活動，貧困家庭のための住居建築やその労働力の確保，衣類・食料・薬等の寄付，浄水の提供と腎臓提供，献血活動の運営，ガン専門院の入院患者への支援	100%	ヘルスケア，カウンセリング，防災
5	老人ホーム，孤児院，障害者施設	48%	施設運営，健康管理
6	無料医療キャンプや眼科の運営，病院訪問による幼児や高齢者への薬の提供，腎臓病予防のための浄水提供	67%	カウンセリング，疾病管理
7	囚人への助言とカウンセリング，囚人の福祉のための権利擁護	22%	
8	村の開発活動，村の代理人の役割，行政・民間機関への援助要請	100%	社会開発
9	農業用水管理の導入，種の配布，植樹，収穫作業	56%	農業知識体系

c. 教育訓練のニーズ

　調査チームは僧侶・尼僧と教育訓練ニーズに関する対話を行った。62 人の僧侶と 88 人の尼僧がソーシャルワークの高等教育の必要性を感じていた。以下の科目を専門分野としてカリキュラムに含めるべきであると提案した（表 3-1-4）。

3　結　論

　僧侶と尼僧によって実践される仏教ソーシャルワークの価値体系は，全世界で受け入れられているソーシャルワークの哲学と一致する。266 僧院と 140 尼僧院のすべてが人々の福祉に関する活動に参加していた。仏教ソーシャルワークの分類（表 3-1-3）に見られる多様性と活動の豊富さは，世界的に受け入れられているソーシャルワークを表象する，とも言える。各寺院にて僧侶や尼僧によって実践されている仏教ソーシャルワークに疑問はない。僧侶と尼僧が行うソーシャルワークに関する理論は，紀元前 6 世紀のブッダの教えに基づく。本調査により，僧侶と尼僧によるソーシャルワーク実践が，性差に関係なく，カリキュラムをデザインするための理想的なモデルであることを見出した。僧侶や尼僧の活動は，その属する組織や地域社会において専門性が高いことが明らかとなった。哲学的な基礎により支えられた専門的で歴史的な背景がある。したがって，僧侶と尼僧に十分な知識，技術，態度が無いという説明は成り立たない。ブッダの最初の説教で，「多くの人々の利益のために，多くの人々の幸福のために」（バフジャナ・ヒターヤ・バフジャナ・スカーヤ）と教わっているからである。

　アヌラーダプラ県とポロンナルワ県で行われているソーシャルワークに関して，例外を除くと，僧侶と尼僧の間の差異や地理的な違いは観察されなかった。スリランカには「上座部」の伝統が残っているが，その奉仕には世界的に受け入れられうる固有性がある。僧侶も尼僧も人々がより良く生きるために自己を捧げているのである。

　アヌラーダプラ県とポロンナルワ県での調査により，僧侶と尼僧の実践は，2,500 年の歴史の中で受け継がれ実践され続けてきた人道主義的な理想に基づ

いている，ということが明らかとなった。寺院が催す儀式は，若手，熟練者，僧侶，尼僧を問わず，その誠実さ，価値観，奉仕をもって執り行われる。それは，次世代に受け継がれる知の一部となる。僧侶と尼僧の主な任務は個人，集団，組織の福祉と幸福であり，それはブッダが示したものである。調査結果により，主要な教えや実践の枠組みから外れている僧侶や尼僧はいないことが明らかとなった。政治的影響，政府の変更，政党政治の介入はあり，また僧侶の還俗も存在するが，調査に回答した僧侶と尼僧は変わることなく奉仕を継続していた。

　本研究ではアヌラーダプラ県とポロンナルワ県における僧侶と尼僧による実践の効果に焦点を当てた。僧侶と尼僧の奉仕を拒絶する信徒はいなかった。信徒は，村人の誕生から死に至るまで地域社会に奉仕する僧侶らの責任を受け入れていた。僧侶らによる日々の地域社会奉仕活動が専門的なソーシャルワークの倫理を築いてきた。本研究では，その主要な任務を逸脱する僧侶や尼僧はいないことが明らかとなった。さらに，厳しい地理的あるいは経済的な困難にさらされている状況下でも，僧侶と尼僧は奉仕し続け，歴史的な使命に背くことなく実践していることが明らかとなった。

　PBR による本研究は，スリランカの北中部州における僧侶と尼僧による奉仕についての体系的な評価でもあった。資金的および人的な制約により約1,400寺院のすべてを訪れることはできなかったが，全体の約4分の1を占める郡の寺院を調査することができた。本調査では僧侶らの目的と奉仕への貢献について，体系的な調査票を用いて検証した。僧侶や尼僧の活動に関する考え方や感情を個別的に捉え，また活動に関わる文化を分析することにより，その貢献を評価した。他方，仏教ソーシャルワークを行う僧侶と尼僧は，主体と客体の管理過程や問題解決過程の本質について学習すべきである，という共通見解を有していた。実際，僧侶と尼僧は現代のソーシャルワークの理論的知識も習得すべきである。PBR を通じた重要な決定の一つは，高等教育の学習や実践の過程においてそれらの体系的な知識の基礎を活用することである。その達成のためには，スリランカで何世紀にも渡り積み重ねられてきた知を検証し，

適切なカリキュラムを開発することが求められる。

　ブッダは言った。「始めよ，貢献せよ，実践せよ」と。

参考文献

Akimoto, T. (2013a). *Internationalization of social work education in Asia.*

Akimoto, T. (2013b). *Professional social work and its functional alternative.*

Akimoto, T. (2015). *Buddhist social work in Asia.*

Armstrong, K. (2000). *Buddha.*

Arnold, E. (2011). *Light of Asia.*

Bronzite, M. (1991). *Developing information system.*

Buddhist Commissioners Department. (2015). *Sri Lanka government.* [Website]

Central Bank Sri Lanka. (2014). *Annual reports.*

Department of Census and Statistics. (2014). *Sri Lanka.*

Edirisinghe, D. (2010). *Society and development.*

Ellawala, H. (1978). *Social history of ancient Sri Lanka.*

Government of Sri Lanka. (1958). *Encyclopedia of Buddhism.*

Heera, B. (2007). *Impact of Buddhism on social-religious life of Asian people.*

Liyanage, A. (2010). *Society, state and religion.*

Malalasekara, G.P. (1956). *Encyclopedia of Buddhism.*

Malalasekara, G.P. (1958). *Dictionary of Pali proper name.*

Munasinghe, G. (2010). *Nation building.*

Nissanka, H.S.S. (2009). *Gautama Buddha.*

North Central Province, Sri Lanka. (2014). *Annual reports of North Central province.*

Padmasiri, R. (2007). *New social trends and Buddhist family cooperation.*

Palihakkara S.K. (2008). *Modern day co-momentary of Suttha Pitaka.*

Sarvodaya. (1992). *Sarvodaya reading.*

Sutra Translation Committee of US and Canada. (1998). *The seekers glossary of Buddhism.*

Suttha Pitaka. Oldest Buddha's teaching. Colombo: Government Press.

World Bank. (2014). *Human Development Index-Sri Lanka.*

World Health Organization (WHO). (2014). *Annual report.* Geneva: WHO.

別添 1

調査票：スリランカ北中部州の僧侶らのソーシャルワークにおける役割と実践

ケース No.

地域：
寺院の登録番号：

1.0. 基本情報

1.1. 寺院の名前
1.2. 最高位の僧侶の名前
1.3. 調査に回答した僧侶の名前
1.4. 僧侶の教育的背景
1.5. 村名と住所
1.6. 位置
1.7. 寺院の連絡先
1.8. 地域住民数，裨益家庭数

2.0. 寺院のソーシャルワーク

2.1. 寺院が実行しているソーシャルワーク活動の概要

No.	活動	開始年	裨益者数 男性	裨益者数 女性	現状	年間コスト
1	就学前教育					
2	青年会					
3	成年向け教育クラス					
4	婦人会，母親のヘルスケア					
5	カウンセリング					
6	老人ホーム					
7	伝統医療（アーユルヴェーダ）と西洋的医療の医院					
8	倹約・信用奉仕					
9	勤労奉仕					
10	障害者支援					
11	その他（仏教学校等）					

2.2. 僧侶としての役割と任務について説明してください。
2.2.1. 寺院の僧侶の一人として
2.2.2. 上記のソーシャルワーク活動におけるファシリテーターとして
2.2.3. 他の奉仕活動に対する僧侶の影響（政治的・経済的）
2.2.4. 上記のソーシャルワーク活動に何年間携わっていますか。
2.2.5. 活動で達成したことは何ですか。
2.2.6. ソーシャルワーク活動を行う僧侶の組織やその他の社会・政治的組織のネットワークのメンバーですか。
2.2.7. あなたの活動にはどのような社会的インパクトや政治的影響がありますか。
2.2.8. 上記のソーシャルワーク活動に関するあなたの教育的背景について教えてください。
2.2.9. ソーシャルワークの教育訓練を受けましたか。いつ，どこで，どのような教育訓練を受けたか説明してください。
2.2.10. 人間行動とソーシャルワークに関連する教育訓練を受けたことはありますか。

3.0. 寺院に根ざしたソーシャルワークについて
3.1. 心理社会的視点とスピリチュアルな視点を持った寺院に所属する僧侶として，あなた自身の奉仕に満足していますか。それとも，現在対処できていないニーズはありますか。
3.2. 仏教寺院と地域社会の形成に関するあなたの考えを教えてください。また，将来的にその構造を変える計画はありますか。
3.3. あなたの活動に対する地域社会の反応を教えてください。

4.0. 寺院に根ざしたソーシャルワーク活動の効果
4.1. 政府，NGO，他宗教組織によって国際化されたソーシャルワーク活動と比較すると，仏教寺院に根ざしたソーシャルワーク活動の効果をどのように評価しますか。

5.0. 寺院に根ざしたソーシャルワーク活動
5.1. 僧侶が実践する仏教ソーシャルワーク活動についてのあなたの理解を教えてください。
5.2. 仏教寺院が実践するソーシャルワーク活動と現代の知識に基づいた専門職ソーシャルワークをどのように比較しますか。
5.3. 仏教寺院が実践するソーシャルワーク活動はどのように改善することができるでしょうか。ソーシャルワーク活動に携わる僧侶の知識をどのように改善できると考えますか。
5.4. 他にコメントや提案はありますか。

僧侶氏名
研究者の署名
研究アシスタントの署名
日付

別添2　背景情報

1. 目　　的

　この実践に基づく調査研究（PBR）は，スリランカ社会における僧侶と尼僧の
ソーシャルワークの役割と影響を分析し，そこで得られた知見を将来の実践に
応用することを目的としている。PBR は地域社会内でソーシャルワーク活動に
従事してきた僧侶らの実践と知に基づく情報蓄積の意義を示す。実践や知に基
づく情報は，「仏教ソーシャルワーク・カリキュラム」の開発に役立てられる
ことが期待される。とくに，スリランカの僧侶らの行動を強化する「ソーシャ
ルワーク」実践視点に関して，基礎的，分析的，経験的に検証された知見が活
用されるべきである。さらに，比丘大学や他の仏教大学における導入，活用，
発展を念頭に，PBR は僧侶と尼僧の知や実践に基づく学術的価値に焦点を当
てる。PBR は，何世紀にも渡って村々で僧侶や尼僧が実践してきた「仏教ソー
シャルワークの知」について，科学的で学術的な価値を検証することにも焦点
を当てる。つまり，仏教ソーシャルワークの基礎はすべてを悟ったブッダの教
えと実践を反映するものであり，それは知的および経験的に確かめられる。

2. 僧侶と尼僧による PBR の定義

　PBR によって，僧侶や尼僧が何世紀もの間に渡り受け継ぎ実践してきた「伝
承知」を定義し示すことが可能となる。PBR は，さらなる発展のために知の
蓄積による結果を分析することや，個人や地域社会が直面する問題を軽減する
ための実践に焦点を当てて分析することも可能である。ある時間枠の中で，実
践の結果に焦点を当てるのである。そして，PBR は特定の個人を対象とはし
ない。僧侶や尼僧が何世紀にも渡って学び実践し，地域社会の中核を担う寺院
で生み出し蓄積してきた知を対象とするのである。PBR において重要な点は，
探求され蓄積された知に根ざした実践の結果志向性にある。

3. 仏教ソーシャルワーク組織

　PBR は，僧侶や尼僧に焦点を当て，彼らが何者で，どのような奉仕を社会

に提供してきたかについて分析する。第一に，僧侶と尼僧は，紀元前 6 世紀に
ブッダによって始められたソーシャルワーク組織の伝承者である。その組織
は，62 人の僧侶とともに創設され（スッタニパータ），現在は世界中の様々な仏
教社会にいる 100 万人以上の僧侶らによって構成される。この組織を創設する
にあたり，適切な運営体制を立ち上げる必要があった。ブッダの時代には 80
人の上級僧侶と上級尼僧が任命され，個人の能力に応じて組織内で職位と役割
が与えられた。さらに，信徒が組織に加わり，「在家」（ウパーサカ・ウパーシ
カー）と呼ばれた。この組織は 4 グループ，つまり僧侶，尼僧，男性信徒（ウパー
サカ），女性信徒（ウパーシカー）に分類された。これらの組織は様々な国に存
在するが，未だに反逆や問題が起こることなく運営されている。組織を存続さ
せてきた要因は，功徳を積んだ上級僧侶や上級尼僧に対して常に敬意が払われ
るという点にある。すべての信徒らは上級僧侶らの指南に従う。

　僧侶と尼僧の組織は専門的な集団であり，ソーシャルワークの専門的な実践
家組織でもある。僧侶と尼僧は実践しながら，地域社会にその実践の方法，経
験，知を共有する。僧侶と尼僧には従うべき原則がある。地域社会と共有する
実践は，メッター経（慈経），マンガラ経（吉祥経），パラーバヴァ経（敗亡経），
シンガーラ経（善生経），カーラーマ経に記されている。僧侶と尼僧は常に自分
で考え行動する。これがその専門性の特徴の一つである。大きな目標に向けて
行動し，それに結びつく使命を達成しなければならない。僧侶と尼僧は個人や
集団と直接的な関わりを持つ。そして，彼らは所属する組織とその他の組織で
受け継がれる実践や奉仕を結び付ける。僧侶や尼僧は問題解決に関連づけられ
ている（アングリマーラ経）。僧侶らは妊婦の健康な出産のために祈り，加護を与
える。僧侶や尼僧は産婦人科や入居施設を訪れ，医師の処方に基づいて薬を与
え，加護を施す。これらの活動は何世紀にも渡って続けられてきたものである。

　仏教ソーシャルワークは，集団としてや伝統的組織の一部としての諸個人が
実践する活動と，科学的な思考とが統合された過程である。僧侶や尼僧の決断
は常に共同で行われる。そのリーダーシップは，問題解決のファシリテーショ
ン実践の中で発展してきた。僧侶らと信徒の関係は強く，解決策は常に共同的

に提案されてきた。他方，僧侶と尼僧は，信徒とは異なり，常に祈り活動できると信じている。彼らは地域社会において教育者として受け入れられている。僧侶と尼僧は仏教の法に則り実践している。僧侶らには常に修行の精神がある。ブッダは女性に対して，その年齢や立場に応じて（母として，姉として，妹として，娘として），どのように振る舞えば良いかについて教えを与える（律蔵）。

　仏教ソーシャルワークは，諸個人のアイデンティティや人格を尊重する。僧侶や尼僧は，誰もが社会の一員として異なるアイデンティティを持ち，それぞれの家庭において受け継がれてきた特徴や尊厳があることを受容することにより，社会を構築していかなければならない。個人が集団や組織に所属するということは，自身のアイデンティティに関わることでもある。僧侶と尼僧は諸個人のアイデンティティに注目し，奉仕しなければならない（スッタ・ピタカ）。「性格，仕事，習慣が同じ他者は存在しない」というように，ブッダの教えは常に人々の人格に言及してきた。僧侶と尼僧，信徒に対するブッダの教えは常に個人の独自性と尊厳を重視している。その教えや導きは人や社会によって異なるのである（スッタニパータおよびマハーシーハナーダ経）。僧侶と尼僧は人間に捧げられた存在である。その導きに関する原則は，「多くの人々の利益のために，多くの人々の幸福のために」（バフジャナ・ヒターヤ・バフジャナ・スカーヤ）である。

4. スリランカにおける僧侶と尼僧の役割

　紀元前3世紀，インドのアショーカ王とスリランカのデーヴァーナンピヤティッサ王は，スリランカを仏教国へと改宗する道をつくった。アショーカ王の娘サンガーミッターと息子マヒンダは，ゴータマ・ブッダの道に従い，「僧侶はできる限りたくさんの人々の福祉と幸福のために旅をすべきである」との教えを守った。そして，2人はスリランカを訪れ，人々の社会生活に新しい指針を与えるべく，仏教を通して人々に希望を届けた。その教えの主題は「あらゆる人間の問題は人間によって生み出されるが，それらは未知のものに嘆願することなく，自分たちで解決することができる」ことである。彼らがスリラン

カに到着したのち，仏教信仰は文化，教育，生活，地域社会の儀礼や実践，政
治観にまで広まった。仏教の教えと生き方は多大な変化をもたらした。仏教の
信徒は，息子や娘が僧侶や尼僧になると，その家庭は7世代に渡って保護され，
永遠に生きる苦から解放される，と信じられている。

　大王統史（マハーワンサ）の歴史的根拠によると，マヒンダ長老はデーヴァー
ナンピヤティッサ王に，信徒が僧侶や尼僧になれば仏教はスリランカに根付く
だろう，と語ったという。マヒンダ長老の偉大な仏教教義のもと，僧侶の受戒
が行われた。アリッタ王子は500人の青年らとともにスリランカで最初の僧侶
となり，アヌラー王女は王の加護を受けた500人の若い女性らとともに最初の
尼僧となった。そして，マヒンダ長老は王に，仏教の精神が国に根付いたと知
らせた。仏教が公伝され，僧侶と尼僧はスリランカ社会の教育者となった。僧
侶は村や町のあらゆる場で，地域社会の人々に対して説教を行った。23世紀
もの間，その役割や使命に変化はほとんどなかった。

　紀元前1世紀から15世紀の間，マハー・ヴィハーラ（大寺）とアバヤギリヤ
大塔で仏教集会が発展した。仏教学校や大学等はすべてこの2つの仏教集会と
結びついている。農業から灌漑，大規模建築工学，病院やカウンセリング機関
の運営まで，様々なプログラムが設立され現在も発展し続けている。

　この2つの仏教集会の進化の一方で，インドや西洋諸国による政治的・文化
的侵略に伴い，僧侶や尼僧の影響力は弱まった。17世紀以降は大寺とアバヤ
ギリヤ大塔は，タイやビルマからの高位受戒式により，シャム派，アマラプラ
派，ラーマンニャ派という3宗派に分かれた。僧侶や尼僧が住む寺院は村の精
神的，物質的な発展の中心となった。村のあらゆる地域社会は寺院と結びつい
た。地域社会は寺院を建築し，僧侶らのために食料を寄付した。僧侶らは信徒
の誕生から死までの，地域社会のあらゆるライフ・イベントに携わった。宗教
行事だけでなく，家庭生活や社会生活に関するあらゆる活動に携わった。

　寺院には村の寺院と森の寺院の2種類がある。ソーシャルワークに携わる僧
侶らは村の寺院に住み，瞑想や宗教的な生活に身を捧げる僧侶らは森の寺院に
住んだ。仏教の信徒は，抵抗感なく，僧侶と尼僧のために生活必需品を布施し

た。僧侶らは信徒の誕生から死までのライフ・イベントに対する特別な責任を持った。妊婦や母子のための祈祷等も始めた。そして，子どもたちに読み書きを教えるとともに，就学前教育施設，学校，高等教育機関を設立した。

　僧侶や尼僧は高齢者，障害者，暴力・虐待の被害者に奉仕するだけではなく，一般住民の家庭問題を解決するためのカウンセリングや助言，行政サービスの調整さえも行う。地域における社会経済的あるいは政治的な生活に関わる活動において，僧侶がリーダーシップを取って携わることはスリランカ社会を形成する一部を担っている。そのため，仏の教えと実践はスリランカの社会的生活や政治的生活に広く根づいている。スリランカの信徒の生活で最も特徴的なのは，次の理由から，僧侶や尼僧が身を捧げていることである。第一に，僧侶は最も信頼される教育者であり，友好的で尊敬に値する態度で家庭や地域社会の問題を解決し，指南する地域社会のリーダーである。第二に，スリランカ社会では人生のあらゆる段階で僧侶が関わり，様々な問題を解決することが期待されている。

　これらの理由により，紀元前3世紀から21世紀まで，地域社会は絶大な信頼を持って僧侶らに助言，指導，共有，慰めを求めてきた。一般的に人々は僧侶らを尊敬し，信頼し，僧侶らに従う。僧侶らは博愛の精神でスリランカ社会の人々を結びつける存在となっている。スリランカの仏教社会にとって，「僧侶ら無くして生活は成り立たない」のである。人々は慰め，幸福，生活上の問題解決を求める。僧侶らの活動は変化することなく21世紀の社会を統合してきた。仏教社会ではいかなる政治的な圧力によっても僧侶らの役割を変化させることはできない。僧侶らは自らの役割を現代の風潮に融合させながらも，ゴータマ・ブッダが示した道に従ってきた。僧侶らは伝統的な原則に従いながらも，現代の知識や技術，態度を身につけて，現代の諸課題に挑まなければならない。PBRの研究結果から，21世紀の長い旅路に向けて，僧侶らに伝授すべき知が明らかになるであろう。

5. 現代の PBR 理論

　秋元樹教授によると，研究に基づく実践と，実践に基づく研究，という2つのアプローチがある。後者を支持する人々は，研究とは実践の必要性に対応する形で行われるべきであり，必要に応じて大学の研究者の支援を受けながらも，実践家によって実施されるべきである，と考える。研究結果は実践に活用されなければならない。そのため，今回計画したPBRは，僧侶らによるソーシャルワークの知識，実践，活動目的，効果を研究するためのものである。将来の仏教ソーシャルワークにかかるカリキュラム，政策，研究を計画するために，実践知を醸成する必要がある。

6. 仏教の観点からの PBR

　仏教的な観点からすると，紀元前6世紀において，すでにPBRとみなされるものが効果をもたらしていたことが明らかである。仏教文献研究は，PBRとみなされるものが，何世代にも渡って僧侶と尼僧によって，その経験的な視点とともに，地域社会での活動に応用されてきたことを示唆する。

7. 新しい知は誰のために必要か

　ISWEBMの僧侶は，仏教ソーシャルワークのディプロマや学士コースを発展させるためのカリキュラム・デザインの必要性を感じ，それらを担当している。そこで，秋元教授は，本研究を開始するためのファシリテーションと後方支援の調整を図った。さらに，スリランカや他の仏教国において，仏教ソーシャルワークの研究者や，裨益者とともに活動する僧侶や尼僧がいる。これらの人々が，今般のスリランカにおける仏教ソーシャルワークに関するPBRの要である。

別添 3

国際仏教ソーシャルワーク教育研究所 (ISWEBM)
ディプロマ課程用仏教ソーシャルワーク・カリキュラム

H.M.D.R. Herath（H.M.D.R. ヘラ）教授

仏教ソーシャルワークの定義

「比丘たちよ，修行の旅に行け，多くの人々の利益のために，多くの人々の幸福のために，世界の人々に対する憐憫のために。神々と人々の目的のために，利益のために，幸福のために。2人で同じ道を行くことのないように。比丘たちよ，始めから終わりまで美しく，意味と文句を完備した法を説き示せ，完全であり清らかな宗教的実践を明らかにせよ。」

仏教ソーシャルワークの定義には永久的な固有性があり，その原則は，生きとし生けるものが，永遠の真実に直接触れ，永遠の苦を滅していくことである。

国際仏教ソーシャルワーク教育研究所 (ISWEBM)

ISWEBM は，社会変革における僧侶の歴史的な使命に基づいており，仏教的な社会開発の価値体系における伝統的な役割と有徳，教義，貢献，社会的リーダーシップの再構築を促進する。仏教ソーシャルワークの知識体系を学んで実践できるような，より広範囲の責任を持つ社会的なリーダーを養成し，スリランカ仏教の価値に基づく社会を構築するに当たって，組織づくりが必要となる。さらに，社会開発において僧侶の役割をより包括的に活用するには，伝統的な社会開発のリーダーシップを現代のソーシャルワーク教育によって醸成することが必要である。

目　的

スリランカにおいて，僧侶のための主要なソーシャルワーク教育機関として，仏教ソーシャルワーク理論を実践し，より良い地域社会をつくるための価値体系の導入と伝授を行う。

役　　割

　仏教ソーシャルワークの知識，技術，態度，役割を，仏教寺院に在籍し地域社会とともに働く若い僧侶に提供する。社会における苦を和らげるために，スリランカで歴史的に実践されてきた仏教関連の文化的・社会的価値観に基づく活動を推進する。社会変革のために，地域社会のために働き，有徳で，規律正しく献身的な僧侶を育てる。地域社会の悪に対する活動家でありカウンセラーでもある僧侶を育てる。

DSW 101 – 仏教ソーシャルワーク概論

科目内容

　本科目では仏教ソーシャルワークの伝統，使命，目的，活動について紹介する。仏教ソーシャルワークの教義は，西洋のソーシャルワークの概念や目的とどのように異なるか。本科目では，スリランカの文化的価値体系における僧侶によるソーシャルワークの歴史的な役割，知識，原則，体系，方法，価値，倫理と，家族，僧侶，尼僧，信徒を含む地域社会におけるソーシャルワークと社会開発について解説する。僧侶の歴史的な使命としてブッダのソーシャルワークについても紹介する。

目　　的

1. 仏教ソーシャルワークの目的と機能に対する理解を深める
2. 異なる社会環境における仏教ソーシャルワークの様々な役割と，その他の教義との違いを認識できる
3. ソーシャルワークの重要なテーマ，倫理，守秘義務，報告，運営について理解する
4. ソーシャルワークの実践とその可能性に対する視野を広げ，奉仕学習の概念を学ぶ

DSW 102 – 社会哲学・歴史的価値体系・多様性

科目内容

　本科目では仏教ソーシャルワークの倫理的，哲学的な理論を紹介する。スリランカにおける僧侶の歴史的な役割も紹介する。仏教の価値体系はどのようにして地域社会の発展や社会的，文化的，歴史的側面における奉仕精神の礎を築くのか。仏教リーダーシップに必要な理論的知識の基礎と実践的な技術も提供する。運営的・心理学的な視点によるリーダーシップ，戦略的な計画と決断力，人間関係，集団力学とネットワーキング，資源の統制と活用等に加え，保健，精神保健，人間の福祉，共生を含む多様な状況において生じる倫理的な問題の同定と対応の仕方を学ぶことで，倫理的コンピテンシーを醸成する。

目　　的

1. スリランカにおける僧侶の歴史的な役割についての理解を深める
2. スリランカにおける仏教の奉仕精神を知る
3. 僧侶のリーダーシップとマネジメントの行動と技術を知る
4. 倫理的なコンピテンシーに関する知識とソーシャルワークにおける実践活動経験を得る

DSW 103 – 人間行動 (カウンセリングの心理学的・社会学的側面)

科目内容

　本科目では，ブッダの教えの心理学的側面と，心理社会的・生態学的システムの研究知見を用いて，乳幼児，子ども，青少年，成年，高齢者の生物学的発達，心理社会的発達，スピリチュアルな発達の理解のための基礎知識を紹介する。仏教の観点からの社会化や，仏教における精神の概念が示すものと心と体の関係に対する見解，カウンセリングと心理療法における仏教との関連性や，カウンセラーとしてのブッダの役割をブッダの自伝から読み解くこと，仏教カウンセリングと現代のカウンセリング技法との比較，精神疾患を抱える患者の治療のための深い瞑想の技法が含まれる。

目　　的

1. 最新パラダイムにより説明される発達段階を理解する
2. ライフ・サイクルの各段階における人間の価値観の対立と，仏教の価値観が果たす役割について検証する
3. 思考，動機，自己概念，人間のアイデンティティの本質について理解する
4. 仏教カウンセリングと，仏教心理療法および瞑想について理解する

DSW 104 – 現代社会

科目内容

　本科目は現代社会の構造，社会的組織，主要な集合体 (つまり，家庭，経済的組織，組織としての宗教，組織としての教育，政治組織，法的組織) について，仏教理論の視点から解説する。スリランカにおける仏教寺院の複数の役割についても紹介する。人種，民族，階級，性別，心身能力，年齢，国籍，社会経済的正義の多様性が，社会構造における個人の目標達成や期待にどのような影響を与えるかについて焦点を当てる。

目　　的

1. 最小単位の集団から社会的組織に至るまで，社会における様々な構成要素を理解する
2. スリランカの寺院の伝統的で多様な役割について理解する
3. 寺院の統合的な役割を理解する
4. 階級，カースト，性別，民族等にかかる社会構造体系と，個人および社会の目標に関連した社会経済的な正義について理解する

DSW 105 – 社会政策・社会開発・社会資源

科目内容

　本科目ではスリランカの社会政策，社会開発，福祉について紹介する。政府の福祉計画と事業，国内 NGO や国際 NGO による協力等についても紹介する。また，伝統的な勤労奉仕の技法として，アッタム，カイヤ，シュラマダーナ運

動を含む，地域社会に根ざした社会関係資本形成プログラムについても紹介する。本科目は，ソーシャルワークの観点から，福祉プログラムや法制度が，貧困層の家庭，女性，子ども，高齢者，障害者等の社会的に弱い立場の人々をどのように保護するかについて理解するのに役立つ。

目　　的

1. スリランカの社会福祉とそのプログラムについての知見を得る
2. 伝統的な地域社会に関わる政策を理解する
3. 政府系および非政府系のプログラムと，周縁化されがちな人々の多様性について理解する
4. 様々な法制度についての知見を得る

DSW 106 – ソーシャルワーク研究法

科目内容

　本科目では，ソーシャルワークの実践に関連した調査や評価の手法について紹介する。学生にはソーシャルワークの研究，理論，実践の間にある関係性について理解することが期待される。仏教の観点から，社会調査に関する知識，様々な分析・解釈手法についても紹介する。学生には，関連するトピックについて，個人の研究プロジェクトを計画し実行することが期待される。

目　　的

1. ソーシャルワークの調査法について理解する
2. 現場研究の原則，主要な方法，実践における応用方法について理解する
3. ソーシャルワーク研究におけるデータ収集，分析，報告書作成の方法を理解する
4. 一般的なソーシャルワークと仏教ソーシャルワークの研究手法の統合について理解する

DSW 107 – プロジェクト管理

科目内容

　本科目では，スリランカのソーシャルワークにおける問題解決に関する理解を促進する。プロジェクトの概念，適切なプロジェクト・サイクル，プロジェクトの企画，準備，事前評価，実施，モニタリング，事後評価，報告書作成の方法を紹介する。寺院が属する農村部の地域社会をどのように開発できるかに焦点を当て，資源に基づいた同定，基本的ニーズに基づいた同定，市場に基づいた同定，仏教寺院による慈善組織や資源の動員についても紹介する。

目　　的

1. ソーシャルワークが関わる問題をどのように同定するかについて理解する
2. 国内 NGO や国際 NGO に対する事業申請書の書き方を理解する
3. プロジェクト管理，計画，モニタリング，評価について理解する
4. プロジェクト実施のために，仏教寺院による慈善組織や資源の活用法について理解する

DSW 108 – 国際ソーシャルワークとインディジナス (現地固有) 視点

科目内容

　本科目では，国際レベルにおける専門職ソーシャルワークに関する知識の発展と強化を目指す。産業化により社会的課題はどのようにして生じてきたのか。そして，スリランカにおけるインディジナス・ソーシャルワークにはどのような種類のアプローチや視点があるのか。奉仕活動に関して，スリランカの仏教ソーシャルワークで用いられてきた歴史的な実践とアプローチとはどのようなものか。伝統的な多機能地域社会開発プログラム，疾病管理，防災，紛争解決等についても触れる。

目　　的

1. 西洋生まれのソーシャルワークとスリランカの仏教ソーシャルワークの概念を記述し，理解し，その差異を比較することができる
2. スリランカのソーシャルワークと奉仕の概念について説明できる

3. ソーシャルワークと社会開発における奉仕活動との関連性とその有益性について説明できる

4. 奉仕活動の様々な利点を示すことができる

DSW 109 – 個人・家族・集団とのソーシャルワーク実践

科目内容

　本科目では，多様な個人，家族，近隣の集団に対して，その問題解決過程を支援する技法について学習する。仏教の理論と方法，ソーシャルワークの介入戦略についても紹介し，学生が応用力を身につけることで，実践において役立てられるように教授する。

目　的

1. ソーシャルワークの技法を用いて実践できる

2. 個別支援計画を策定することができる

3. 知識と価値に基づいたソーシャルワークを実践できる

DSW 110 – 言語と情報技術力

科目内容

　本科目では，ソーシャルワークにおける情報技術の役割，情報管理，戦略計画，情報システム政策について学習する。また，仏教とソーシャルワークにかかるコミュニケーションの過程を鑑み，少なくとも一つの国際言語と2つの原地語を身につける必要がある。

目　的

1. ソーシャルワークで必要なコンピュータ能力と情報技術の知識を身につける

2. ソーシャルワーク実践のために地域社会でデータの収集と分析ができる

3. コミュニケーション技法に関する国内外の知識を集約することができる

4. 国内の様々な地域社会との実践にある知を内在化できる

参考文献

Akimoto, T. (ed.) (2018). *Working definition and current curricula of Buddhist social work*. Hanoi: Faculty of sociology, VNU University of Social Sciences & Humanities (pp.35-38).

第3-2節　僧侶と尼僧のソーシャルワーク実践に関する英訳データ の再分析

東田　全央

1　背景と目的

　第3部で議論されるように，哲学的および歴史的な観点は仏教ソーシャルワークにおいて重要である。それらの観点に加え，実践に基づく調査研究（PBR）で探索されているように，実践活動に根ざした根拠が仏教ソーシャルワークの発展のために求められている（Akimoto, 2017; Wickramasinghe, Kodituwakku, & Perera, 2015）。実際，先行研究によって，スリランカにおける仏教に関連したソーシャルワークに関するいくつかの知見が明らかとなっている（e.g., Akimoto, 2017; Herath & Wickramasinghe, 2015; Higashida, 2016, 2019）。しかしながら，僧侶と尼僧が行う仏教ソーシャルワークの実践研究は十分になされているとは言えず，スリランカ国内の比較可能なデータも不足している。そのため，仏教ソーシャルワークの発展のために，PBRで得られたデータを用いて草の根の実践活動を分析することにより，実践家や教育者らとその実践知を共有することには意義があろう。

　本研究において，PBRによって得られたデータを分析する目的は，スリランカの草の根レベルにおける仏教ソーシャルワーク実践について検討することである。とくに，本研究では，僧侶と尼僧の背景，実践活動の内容，そのソーシャルワーク活動による社会的な影響，僧侶と尼僧の仏教ソーシャルワークにおける経験と価値を明らかにしたい。

2　方　法
(1) データ

　本プロジェクトはアヌラーダプラ県にある比丘大学と，国際仏教ソーシャルワーク教育研究所（ISWEBM）における仏教ソーシャルワークのカリキュラム・

デザインのために実施された[1]。本節では，PBR によって収集されたデータ
(Akimoto, 2017; Wickramasinghe, Kodituwakku, & Perera, 2015) から抽出した定
量的および定性的なデータを再分析する。

　本プロジェクトは，北中部州内で選定した地域のすべての寺院を対象とした。
表 3-2-1 に示すように，アヌラーダプラ県内 9 郡[2]とポロンナルワ県内 7 郡が選
定された[3]。調査チームは仏教省傘下の事務局より僧侶・尼僧と寺院の登録リス
トを入手した。データ収集は 2015 年 1 月 15 日から 12 月 28 日の間に行われた。

　調査開始前に面接ガイドが作成された。このガイドは 5 つの主要テーマの質
問を含む（3-1 節別添 1）。3 人の調査者（聞き手）がそれぞれ担当の寺院を訪問
しデータを収集した。回答者（語り手）からの許可を得た上で，面接ガイドに
沿う形で半構造化面接が実施された。調査者が面接録をシンハラ語で記録した
のち，分析用に英語に翻訳された。

　表 3-2-1 に示したように，420 人の面接記録から抽出したデータを本分析で
使用した（アヌラーダプラ県内の 160 人の僧侶と 53 人の尼僧，ポロンナルワ県内の

表 3-2-1　北中部州における回答者数の内訳

アヌラーダプラ県		ポロンナルワ県	
メダワッチヤ	31	タマンカドゥワ	42
ランベワ	28	ヒングラクゴダ	26
カビティゴッラワ	12	ウェリカンダ	15
ホロウパタナ	6	メディリギリヤ	31
ガレンビンドゥヌウェワ	10	ディンブラガラ	36
カハタガスディギリヤ	11	ランカプラ	21
ニュータウン	11	エラハラ	33
ミヒンタレー	23	その他	3
パダヴィヤ	23		
その他	58		
計	213	計	207

1)　［和文編者注］3-1 節を参照のこと。
2)　［和文編者注］行政区画地区，あるいは DS（Divisional secretary）地区とも呼ばれる。
3)　3-1 節と数値が異なるが，その原因を明らかにする術がない。

205 人の僧侶と 2 人の尼僧[4]）。未回答等の利用不可のデータは分析の段階で各項目から除外した。

(2) データ分析

　この探索的研究では，実用主義的な観点から定量分析と定性分析の混合研究法を用いた（Creswell & Clark, 2017; Onwuegbuzie et al., 2009）。第一に，定量的データに関しては統計解析ソフト SPSS（ver.24.0.）を用いて集約し，記述統計を算出した。第二に，自由回答やナラティブ・データのような定性的データに対しては内容分析に準じた分析を行った。すなわち，テキスト化されたデータをセグメント化し，適切なコードを付与した。類似するコード間をグループ化し，意味ごとにカテゴリー化した。そのコード化された定性的データのうち，数量化可能なデータ群については記述統計等を算出した。数量化が困難な定性的データについては，象徴的あるいは代表的なナラティブの分析により，固有の文脈やナラティブが持つ意味を解釈し，上記の分析に補完的に統合した。

3　結　果
(1) 僧侶と尼僧の背景情報

　はじめに，面接調査に参加した僧侶と尼僧の背景情報について記す。その背景には，ソーシャルワークに携わっている年数，学歴，教育訓練の経験が含まれる。

　第一に，図 3-2-1 に，2015 年時点でソーシャルワークに携わっていた年数を示した。従事年数の平均値と標準偏差は 24.1 ± 12.0 年であった。具体的には，アヌラーダプラ県で 23.6 ± 15.3 年（僧侶は 26.2 ± 16.0 年，尼僧は 16.2 ± 9.8 年），ポロンナルワ県では 24.5 ± 7.5 年（僧侶は 24.4 ± 7.5 年，尼僧は 31.5 ± 7.8 年）であった。従事年数の範囲は，アヌラーダプラ県では 1 カ月から 70 年（僧侶は 1 カ月から 70 年，尼僧は 6 カ月から 45 年），ポロンナルワ県では 6 年から 50 年であっ

---

4)　これらも 3-1 節の数値とは異なる。

た (僧侶は 6 年から 50 年, 尼僧は 26 年と 37 年)[5]。

　第二に, 回答者の教育的背景について表 3-2-2 に示した。最も一般的な教育
レベルは学士 (27.8%) であった。続いて, 仏教教育学校 (寺学校) である「ピリ
ウェナ」が 16.2%, 一般教育修了上級レベル (12 〜 13 年生) が 14.3% で多かった。
さらに, 約 1 割が博士号または修士の取得者であった。一般教育と仏教教育 (ピ
リウェナ) の 2 種類に分類すると, 回答者の 3 分の 2 以上が一般教育を受けて
いたことになる。

　ピリウェナ等を除いた一般教育の最終学歴について, 一般教育修了普通レベ
ルの 10 年生以上と 9 年生以下とに分けると, 9 割以上が 10 年生以上であった。
スリランカでは一般的に 5 歳から 14 歳までの子どもにおいて 1 年生から 9 年
生までの義務教育が求められており, 大半の回答者が一定の一般教育を受けて
いたことを示す。

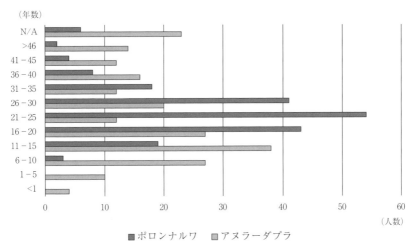

図 3-2-1　僧侶と尼僧のソーシャルワーク従事年数 (n = 413)

5) 「寺院の開設以来」等の数量化できない回答もあったため, アヌラーダプラ県の平均値は過小評価
　されている可能性がある。そのような回答は利用不可 (N/A) として分類した。

表 3-2-2　僧侶と尼僧の学歴

	アヌラーダプラ県		ポロンナルワ県		総数	総数に占める割合
	僧侶	尼僧	僧侶	尼僧		
G.C.E.（O/L）未満	2	18	3	0	23	5.6%
G.C.E.（O/L）	15	22	7	0	44	10.6%
G.C.E.（A/L）	22	4	33	0	59	14.3%
ディプロマ	2	1	0	0	3	0.7%
学士	63	1	50	1	115	27.8%
修士	5	1	32	1	39	9.4%
博士	1	0	0	0	1	0.2%
ピリウェナ	19	0	48	0	67	16.2%
その他	30	4	29	0	63	15.2%
総数*	159	51	202	2	414	100.0%

注：G.C.E.= 一般教養修了資格，O/L= 普通レベル，A/L= 上級レベル *無効なデータとしてアヌ
ラーダプラ県で3件，ポロンナルワ県で3件を除外した。

　表 3-2-3 に，アヌラーダプラ県における僧侶と尼僧の学歴の詳細を示し
た[6]。集団間に有意な差が見られた（$p<.01$, フィッシャーの正確確率検定）。9 年生
以前までしか教育を受けていない尼僧の割合（38.3%）は僧侶（1.5%）に比べて有
意に高かった。さらに，一般教育を受けた回答者のうち，学士と修士を取得し
た僧侶の割合（64.3%）は尼僧（8.2%）と比べると高かった（表 3-2-3）。そのため，
この地域における僧侶と尼僧の学歴に格差があることが示唆される。

　第三に，表 3-2-4 に，ソーシャルワークの教育訓練を受けたことのある僧侶
と尼僧の経験を示した。ソーシャルワークの教育訓練を受けたことがある割合
は全体で 13.3% であった。県ごとの割合については，ポロンナルワ県（23.2%）
がアヌラーダプラ県（3.8%）よりも高かった。ポロンナルワ県では，教育訓練
を受けたという回答者の大半は，1980 年代に NGO のサルボダヤにて単発の訓
練を受けていた。サルボダヤの思想の根本は仏教思想に根ざしている
（Chandraratna, 1991）。

　ソーシャルワークの教育訓練が不足していることにより，「ソーシャルワー

---

6)　［編者注］　ポロンナルワ県のデータは利用不可であった。

クについての教育訓練を提供するプログラムや機関がありません。」と語る回
答者がいた (Nun001)[7]。他方，「僧侶として，そして仏教僧院の代表として経
験を積んできました。」(A55) というように，日常の勤めの中で経験やスキル
を身につけたと語る回答者もいた。全体的な状況は明らかではないが，仏教
ソーシャルワークに関する教育訓練や補完的な教育を望んでいる若い僧侶や尼
僧等と，長年の修行経験から教育訓練を受けずともソーシャルワークに対する
理解やスキルを深めることができると考える僧侶等がいることが示唆される。

表 3-2-3　アヌラーダプラ県の僧侶と尼僧の学歴

	僧侶 (n = 131)		尼僧 (n = 47)	
	度数	%	度数	%
9 年生以下	2	1.5%	18	38.3%
10 年生以上	107	81.7%	29	61.7%
仏教教育	22	16.8%	0	0.0%

注：35 人の無効なデータは除外した。

表 3-2-4　ソーシャルワーク教育訓練の受講歴

	アヌラーダプラ県				ポロンナルワ県				総数 * (n = 406)	
	僧侶 (n = 156)		尼僧 (n = 52)		僧侶 (n = 196)		尼僧 (n = 2)			
	度数	%	度数	%	度数	%	度数	%	度数	%
有	7	4.5%	1	1.9%	46	23.5%	0	0.0%	54	13.3%
無	149	95.5%	50	96.2%	150	76.5%	2	100.0%	351	86.5%
N/A	0	0.0%	1	1.9%	0	0.0%	0	0.0%	1	0.2%

* 無効なデータとして，アヌラーダプラ県で 5 件，ポロンナルワ県で 9 件は除外した。N/A＝無効

(2) 活動の裨益者

次に，回答者による自己報告のうち，僧侶と尼僧の活動の潜在的および実質
的な裨益者に焦点を当てる。第一に，図 3-2-2 に，裨益世帯数[8]，あるいは寺
院の管轄内にある潜在的裨益世帯数を示した。世帯区分の中で最も多いのは 1
寺院当たり 1 ～ 400 世帯で，次に 401 ～ 800 世帯が続く。裨益世帯数の平均値

7)　以降，回答者の語りや回答を引用する場合，識別番号を示す（例：Nun001，A55，PLN.EL.158）。
8)　これには地域社会内の寺院の檀家（ダーヤカ）も含まれる。

と標準偏差は 1 寺院当たり約 377.8 ± 421.9 世帯で，1 寺院あたりの第 1 四分位数は 92 世帯，第 2 四分位数（中央値）は 400 世帯，第 3 四分位数は 600 世帯である[9]。ただし，歪度が高く[10]，詳細な分析が必要である。

　アヌラーダプラ県では 1 寺院当たりの裨益世帯数に関して詳細なデータが入手可能であった（n=119）。無回答と 0 世帯（29.4%）の回答を除くと，200 世帯以下が最も多かった（26.1%）。続いて，201 〜 400 世帯（22.7%），401 〜 600 世帯（8.4%）が多かった。アヌラーダプラ県における寺院あたりの裨益者数は，世帯数との整合性は取れないものの，250 人以下（26.4%）が最も高く，251 〜 500 人（19.8%）と 501 〜 750 人（9.9%）が続いた。

　第二に，仏教ソーシャルワークにかかる活動数と裨益者数を表 3-2-5 に示した。回答者によって，狭義の宗教的活動だけでなく，教育的活動，社会文化的活動，生活や健康に関連した活動を含む，少なくとも 14 の活動が挙げられた。これらの活動は，しばしば寺院の長の指導の下で統合されることがあるという。僧院で代表を務める回答者（A11）は，「信徒の宗教的な儀式にはすべて参加しています。また，若者や子どもの仏教知識を発展させるためのキャンペーンを行っています。この地域の一般行事でリーダーシップを取っています。」と語り，広範な活動について言及している。

　具体的には，供養（プージャー），小集団への教育，指南，瞑想等は僧侶や尼僧によって様々な機会や場所で実施されている。これらの機会には，毎月のポーヤ（満月）の日の儀式[11]，青年会[12]，高齢者や障害者を含む世帯への訪問[13]，

---

9)　一部の回答者は，裨益者数と裨益村数を答えた。裨益者数の平均値は 1 寺院当たり約 1,843.9 ± 2,108.0 人，中央値は 1,200 人で，裨益村数の平均値は 4.4 ± 2.6 村，中央値は 4 村である。

10)　データには極端な数値が含まれており（たとえば，1 寺院当たり 16,000 人，3,000 世帯），高歪曲である。裨益者数に関して，たとえ 1 寺院当たり 4,000 人以上であった 27 例を除外しても，平均値は 1,298.7 ± 1,086.2 人である。この歪度について，質問や回答の基準が曖昧であったことが関係している可能性がある。つまり，回答者によっては，実際の裨益者数ではなく，最大支援可能範囲を回答している可能性がある。

11)　満月に当たる日はスリランカの祝日である。多くの仏教徒は白装束にて寺院に赴き，戒を守る（シル・ガンナワ）（Higashida, 2016）。

12)　仏教青年会（YMBA）を含む。18 人の回答者が YMBA への支援活動に言及した。

13)　仏教関連活動（宗教的な儀式を行い，指南を与えること等）のため，高齢者や障害者の自宅や施設

村の式典や委員会[14]等が含まれる。また，個別のカウンセリング，指導，助言
は必要な住民に提供される。さらに，宗教的でスピリチュアルな実践を，ヘル
スケアや福祉的奉仕（腎臓疾患に関する奉仕プログラム[15]，妊産婦のヘルスケア，
巡回診療[16]）と勤労奉仕[17]（村人による寺院の掃除や用水施設の復旧作業等）に統合
して提供している，との回答があった。これらの活動の対象者や裨益者には子
ども，若者，女性，高齢者，障害者が含まれるため，分野横断的で包括的な活
動である。

　最も多く報告された活動は仏教日曜学校である。これは，子どもに仏教教育

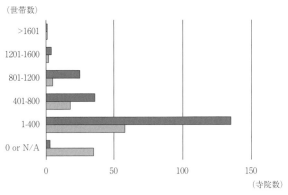

図 3-2-2　1 寺院当たりの裨益世帯数 (n = 323)
注：裨益者数と裨益村数は世帯数のデータとは別に収集されたため，この図からは除外した（アヌラ
　ーダプラ県の 94 件とポロンナルワ県の 3 件）。調査者の質問で明確に区別がされなかったため，
　寺院の管轄内における裨益世帯の実数と最大支援可能範囲が混同されている可能性がある。裨益
　世帯数を答えなかった回答者 (N/A) と，「該当無し」と答えた回答者は区別されていない。

　を訪問することが含まれる。
14)　檀家会議（ダーヤカ・サバーワ）が含まれる。153 人の回答者がこれに言及した。
15)　北中部州では慢性腎臓病の公衆衛生問題がしばしば報告される(Senanayake et al., 2017)。ある
　　回答者(PLN.1)は自己の腎臓を患者に提供したと述べた。
16)　一部の回答者によると，これらの実践活動は，郡の保健所(MOH)を含む地方行政にて調整され
　　る。
17)　シンハラ語でシュラマダーナと呼ばれる。住民は地域社会の互助として，労働を他者と共有し必
　　要な支援を行う。この概念は，サルボダヤ運動にも適用された(Chandraratna, 1991; Higahsida,
　　2018)。

を提供する取り組みで，312寺院で行われていた。続いて，就学前教育施設（301寺院），青年会，成人の会が多かった。裨益者数が最多であったのは葬儀組合で，次いで教育関連が多かった。したがって，様々な活動が行われている中でも，回答者は教育的な活動，冠婚葬祭にかかる活動，公共の集会（地域社会の各種委員会や会合）に関わる機会が多いことが示唆される。

表 3-2-5　現在の活動数と裨益者数

	寺院数	裨益者数		
		男性	女性	総数
仏教日曜学校	312	27,820	4,018	31,838
就学前教育施設	301	5,411	6,131	11,542
青年会	250	8,407	8,129	16,536
成人の会	226	9,550	6,487	16,037
葬儀組合	214	21,280	17,024	38,304
倹約・信用奉仕	175	12,333	11,963	24,296
カウンセリングとヘルスケア	164	9,100	7,921	17,021
勤労奉仕	130	9,304	9,627	18,931
アーユルヴェーダ・西洋医学的奉仕	114	879	997	1,876
婦人会，妊産婦のヘルスケア	76	146	3,700	3,846
檀家の会	61	7,355	8,443	15,798
老人ホーム	10	87	100	187
障害者支援	6	341	230	571
大人のための教育プログラム	6	166	155	321
その他	1	55	0	55
総数		112,234	84,925	197,159

注：収集データでは累積数と現在の数が区別されていない。

　第三に，これらの活動における歴史的背景が明らかとなった。回答者によると，いくつかの勤労奉仕や葬儀組合は少なくとも1900年代以前に開始され，青年会は1930年代に開始されたという。ソーシャルワーク活動が草の根レベルで，世代を超えて受け継がれていることが示唆される。

(3) 仏教ソーシャルワークの経験と地域社会ニーズについての認識

　続いて，ソーシャルワーク活動に関する僧侶と尼僧の経験についての分析結果を示す。とくに，満足度，地域社会のニーズについての認識，他セクターとの比較による寺院と地域社会の発展の要因に対する認識について分析する。

　表 3-2-6 に示すように，ほとんどの僧侶と尼僧（約 97.2%）が，心理社会的およびスピリチュアルな観点から，活動に満足していると回答した（「満足」と「満足だが改善の余地有」）。たとえば，ある回答者（PLN010）は，「はい。とても満足しています。人々が社会を発展させられるように導きたいのです。」と簡潔に述べた。

　表 3-2-7 に，僧侶と尼僧が述べた地域社会の未解決のニーズのうち，代表的なものを示した。それぞれのニーズには重複もあるが，宗教的あるいはスピリチュアルな活動の 2 種類に分けることができる。表中の括弧内に，宗教やスピリチュアリティに直接的に結びつくニーズと，社会経済的または組織的な開発に関するニーズを示した。有効なデータ（n = 51）のうち，宗教やスピリチュアリティに直接的に関連するニーズは 43.1% を占めた。そのニーズには説法，指南，瞑想等の上座部仏教の基本的な方法が含まれる（表中 1 ～ 3）。他方，社会経済的または組織的な開発に関するニーズは 56.9% を占めた。貧困等の経済的問題の解決や地域社会の動員の推進等が含まれる。また，ソーシャルワーク活動の組織やプログラムの発展も含まれる（表中 4 ～ 7）。

表 3-2-6　心理社会的観点およびスピリチュアルな観点からの満足度

| | アヌラーダプラ県 | | | | ポロンナルワ県 | | | | 総数 * | |
| | 僧侶 (n = 150) | | 尼僧 (n = 51) | | 僧侶 (n = 195) | | 尼僧 (n = 2) | | (n = 398) | |
	度数	%	度数	%	度数	%	度数	%	度数	%
満足	108	72.0%	41	80.4%	168	86.2%	2	100.0%	319	80.2%
満足だが改善の余地有	31	20.7%	10	19.6%	27	13.8%	0	0.0%	68	17.1%
満足ではない	6	4.0%	0	0.0%	0	0.0%	0	0.0%	6	1.5%
その他	5	3.3%	0	0.0%	0	0.0%	0	0.0%	5	1.3%

* 無効なデータ（アヌラーダプラ県の 12 件，ポロンナルワ県の 10 件）は除外した。

表 3-2-7　未解決の地域社会のニーズについての認識（抜粋）

1. 人々を正しい道に導くこと［宗教とスピリチュアリティ］
2. 人々の病いや苦への洞察を深めること［宗教とスピリチュアリティ］
3. 仏教の瞑想を改善させること［宗教とスピリチュアリティ］
4. 貧困層の人々が直面している経済的課題を解決すること［社会経済的開発］
5. 社会開発の過程を活性化させること［社会経済的開発］
6. 適切な社会組織を設立すること［組織的開発］
7. 適切なプログラムを実施すること（一般住民への支援，より組織的で体系的な構造の構築等）［社会経済的・組織的開発］

　表 3-2-8 と 3-2-9 は，回答者の語りに基づいて，地域社会における優れた実践のための要素を示したものである。表 3-2-8 に示すように，回答者の僧侶と尼僧のうち，約 33.3% が地域社会と寺院の関係性を発展させることが重要な要素であると考え，寺院を地域社会の中心と位置付けていた（「地域社会とともに活動すること」）。さらに，回答者の約半数（49.5%）が人々と地域社会に貢献するという原則を認識しながら活動を推進することの重要性を指摘した（「社会的な慈善活動や社会開発を推進すること」が 25.0%，「仏教ソーシャルワークを優先すること」が 18.8%，「人々のスピリチュアルな発展を促進すること」が 5.8%）。その他の回答には，寺院の体制とプログラムを改善することや，組織レベルと個人レベルでの能力強化を図ることの重要性が含まれる。これらの回答は互いに関連があるように見受けられる。つまり，寺院という組織としての能力，また一人の僧侶や尼僧としての能力を高め，地域社会の関与者とともに住民のための活動を推進する必要がある，ということである。

　表 3-2-9 に，他の関係者による活動と比較した場合の，仏教ソーシャルワークの優れた実践のための促進要因に関する意見を示した。ポロンナルワ県における有効なデータ（n=207）によると，少なくとも 40.4% の回答者が行政部門によるサービスの詳細を知らないと回答したものの，回答者の 13.0% は行政部門等が寺院と共同してプログラムや活動を改善していくことが必要であると述べた。また，回答者の 5.8% が他セクターのサービスの役割について指摘した。たとえば，ある回答者は「これらの［行政］サービスは公平に提供され，物質

的資源は地域社会に適切に分配されるべきです。」と述べた。他方，ポロンナ
ルワ県では，約28.5%の回答者が，根本的な本質の違いに基づいて，他セクター
と仏教ソーシャルワーク活動とを区別し，他セクターのサービスを批判した。
象徴的な例として，ある回答者（PLN58/WE）は，「これらの組織によって提供
されたサービスは社会サービスとは認められません。なぜなら，それらは公共
の資金で実施されているからです。社会サービスは寄付によってなされるべき
です。」と語った。以上のデータは，約 5 分の 2 の回答者が他セクターによる
活動に対する十分な情報や知識を得ていない一方で，それらに対する否定的な
意見から肯定的な意見まで様々にあることを示唆する。

表 3-2-8　寺院や地域社会を発展させる促進要因（n=400）

地域社会とともに活動すること（地域社会におけるリーダーシップと主体性，人々の意見に対する共感を含む）	33.3%
社会的な慈善活動や社会開発を推進すること	25.0%
仏教ソーシャルワーク活動を優先すること	18.8%
人々のスピリチュアルな発展を促進すること	5.8%
貧困問題を解決すること	4.5%
役割モデルとして僧侶の義務を確実に果たすこと	2.5%
僧侶や尼僧への教育訓練を実施すること	2.3%
適切な社会組織・教育機関を設立すること	1.8%
経済的基盤を強化すること	1.5%
寺院における規則や体制を改善すること	1.0%
ネットワークや既存の資源を活用すること	1.0%
限られた時間枠組みの中でプログラムを効率的に実施すること	0.8%
地域社会の中心として寺院を位置付けること	0.5%
教えに従い人々を正しい道に導くこと	0.5%
その他	1.0%

（4）地域社会の反応や影響

　ここでは，仏教ソーシャルワークと地域社会との関係について分析する。と
くに，僧侶と尼僧によって認識された地域社会の反応，地域社会におけるソー
シャルワーク活動と社会政治的な要因の相互作用について分析する。
　表 3-2-10 に，僧侶と尼僧によるソーシャルワーク活動に対する地域社会の

表 3-2-9　他セクターの活動と比較した際の仏教ソーシャルワークによる優れた実践（抜粋）

優れた実践の要素
原理・原則に従い人々に奉仕すること
奉仕や資源の調整と管理を適切に行うこと
特定の方法やアプローチを用いて戦略的な活動を展開すること
地域社会において寺院のリーダーシップの下で奉仕すること
地域社会と村人の参加を促進すること
様々な関与者と協働すること

他セクターとの比較
行政サービスは推進・改善・活発化されるべきである
政府・行政部門は人々や地域社会に平等にサービスを提供すべきである（政治的活動のためではなく）
行政によるサービスは社会サービスとは言えない（公共資金によるため）
政府や NGO は自己利益や既得権益のために活動を行っている
村人たちは行政サービスを批判している
人々は行政部門により実施されるプログラムを好んでいる

反応を示した。大部分の回答者（84.7%）が仏教ソーシャルワーク活動に対する地域社会の反応は「とても良い」（24.5%）もしくは「良い」（60.1%）と評価した。たとえば，ある回答者（Mi.08）は「信徒だけでなく，寺院の周囲に住む一般住民の反応も良い。」と述べた。これは，地域社会との関係性について，大半の回答者の僧侶と尼僧の視点からは満足であることを示す。

　他方，地域社会による直接的な反応ではないかもしれないが，社会経済的な課題や貧困によって地域社会が直面する困難について指摘した僧侶と尼僧もいる。ある回答者（AA11）は，「信徒間の連帯や組織化が限定的であるという問題を認識しています。」と語った。これらのデータや語りは，多くの僧侶と尼僧が地域社会から良い反応を受けていると感じる一方で，地域社会が抱える課題を認識する回答者がいたことを示す。

　また，約 88.2% の回答者は，仏教ソーシャルワークの活動が社会経済的あるいは政治的な要因によって影響を受ける可能性を否定している（表 3-2-11）。ポロンナルワ県では，ほとんどの回答者がそうした要因による影響は無いと述べている。象徴的な例として，「私は僧侶なので，いかなる外部からの影響も

受けません。私の奉仕は社会に受け入れられているのです。」(A1),「いいえ。
僧侶はいかなる影響にも屈せずに務めます。」(A89) との語りがあった。他方，
社会経済的な課題との関連について触れる僧侶や尼僧がいた。ある僧侶
(AA12) は「(不況) 経済は社会的な慈善活動を行うにあたり障壁となりえま

表 3-2-10　仏教ソーシャルワークに対する地域社会の反響についての認識

| | アヌラーダプラ県 | | | | ポロンナルワ県 | | | | 総数*
(n = 404) | |
| | 僧侶
(n = 156) | | 尼僧
(n = 51) | | 僧侶
(n = 195) | | 尼僧
(n = 2) | | | |
	度数	%	度数	%	度数	%	度数	%	度数	%
とても良い	17	10.9%	4	7.8%	77	39.5%	1	50.0%	99	24.5%
良い	113	72.4%	30	58.8%	99	50.8%	1	50.0%	243	60.1%
悪くない (平均的)	2	1.3%	4	7.8%	19	9.7%	0	0.0%	25	6.2%
困難に直面	17	10.9%	13	25.5%	0	0.0%	0	0.0%	30	7.4%
その他	7	4.5%	0	0.0%	0	0.0%	0	0.0%	7	1.7%

* 無効なデータ (アヌラーダプラ県で6件，ポロンナルワ県で10件) は除外した。

表 3-2-11　仏教ソーシャルワークに対する社会経済的・政治的影響についての認識

| | アヌラーダプラ県 | | | | ポロンナルワ県 | | | | 総数*
(n = 406) | |
| | 僧侶
(n = 157) | | 尼僧
(n = 51) | | 僧侶
(n = 196) | | 尼僧
(n = 2) | | | |
	度数	%	度数	%	度数	%	度数	%	度数	%
はい	15	9.6%	26	51.0%	3	1.5%	0	0.0%	44	10.8%
いいえ	139	88.5%	24	47.1%	193	98.5%	2	100.0%	358	88.2%
N/A	3	1.9%	1	2.0%	0	0.0%	0	0.0%	4	1.0%

* 無効なデータ (アヌラーダプラ県で5件，ポロンナルワ県で9件) は除外した。N/A= 無効

表 3-2-12　仏教ソーシャルワークによる社会経済的・政治的影響についての認識

| | アヌラーダプラ県 | | | | ポロンナルワ県 | | | | 総数*
(n = 406) | |
| | 僧侶
(n = 157) | | 尼僧
(n = 51) | | 僧侶
(n = 196) | | 尼僧
(n = 2) | | | |
	度数	%	度数	%	度数	%	度数	%	度数	%
はい	79	50.3%	4	7.8%	50	25.5%	0	0.0%	133	32.8%
いいえ	73	46.5%	47	92.2%	145	74.0%	2	100.0%	267	65.8%
N/A	5	3.2%	0	0.0%	1	0.5%	0	0.0%	6	1.5%

* 無効なデータ (アヌラーダプラ県で5件，ポロンナルワ県で9件) は除外した。N/A= 無効

す。」，と語った。これらのデータは，多くの回答者が社会経済的また政治的要因による影響を認識していない（あるいは否定している）ように見受けられるが，社会的文脈の中で住民が直面する課題との関連を述べる回答者がいたことを示す。

　それとは対照的に，およそ3分の1の回答者が，仏教ソーシャルワークによる地域社会への潜在的な影響やその可能性を認識していた（表3-2-12）。ある回答者（AA27）は，「様々な行事や祝祭では，寺院の代表者としての参加が依頼されます。私はこの僧院の長として招待を受けると，宗教的な儀式を行います。」と述べた。他の回答者（AA6）も，「国を挙げての儀式や，宗教的，文化的，教育的な儀式のすべてにおいて瞑想を行います。この寺院は街の近くに位置しているため，そのような機会は多いです。」というように，様々な儀式への参加依頼について述べた。さらに，緊急事態下における仏教ソーシャルワーク活動の影響の可能性について述べる回答者もいた。たとえば，「干ばつや洪水の際には，私たちは宗教的な儀式を行います。地域社会にとって寺院は主要な資源なのです。」（A1）と語った。こうした語りから，社会の様々な場面における仏教ソーシャルワークの幅広い影響が認識されていた，と言える。

　ただし，社会経済的，政治的な観点から，僧侶と尼僧の間には，仏教ソーシャルワークの影響に対する認識に差異が見受けられた。すべての尼僧のうち4人（7.8%）だけがソーシャルワーク活動による社会への影響について認識していたのに対し，大多数の尼僧の回答者は自分たちの活動には影響力が無いと語った。最も象徴的な例として，「尼僧はそのような組織において活動を行うことが認められていません。こうした状況により，社会に影響を与えることができないのです。」（Nun009），「尼僧として，私たちは政治やその他の分野に影響を与えるような立場にはありません。」（Nun007）という語りがあった。追加の根拠が無くこの事象をより詳細に分析することはできないが，これらの尼僧の語りからは，僧侶とは異なる（もしくは周縁化された）状況がありうる，ということが示唆される。つまり，尼僧の状況は，彼女らの活動による地域社会に与える影響についての認識の差異を反映しているのかもしれない。

(5) 仏教ソーシャルワークへの視座

　次に僧侶と尼僧の仏教ソーシャルワークに対する考え方についての分析を示す。表 3-2-13 に，仏教ソーシャルワークに対する回答者のコメントを示した。一般的なコメントによると，仏教ソーシャルワークの哲学，原則，概念，活動は価値があり社会に貢献しうるものである，と考えられていることが示唆される。

　仏教ソーシャルワーク実践に対する認識についての質問において，回答者は組織の問題や実践における課題等，仏教ソーシャルワークの現場で起きている課題についても触れた。それらには仏教ソーシャルワークの経済的，運営的な課題も含まれる。

　さらに，他の回答者は地域社会と寺院とのつながりが弱いことについて言及した。たとえば，回答者のコメントには，「活動を行う前に，地域社会の組織と寺院のつながりをより強化すべきです。」(Mi09)，「行政や NGO によって行われるソーシャルワーク活動に寺院は含まれていません。…これは大きな問題です。」(Mi01)，「調整と一貫性が必要です。資源の分配は標準化されるべきです。」(PLN.3) との指摘があった。行政部門や NGO との関係性を含めて示した表 3-2-9 と同様に，これらの語りから，地域によっては，仏教ソーシャルワークの実践家と地域社会におけるその他の関与者との機能的なネットワークを強化する必要性があることが示唆される。

表 3-2-13　仏教ソーシャルワークに関するコメント（例）

一般的なコメント
仏教ソーシャルワークは社会に貢献する
仏教ソーシャルワークには優れた概念と目標がある
仏教ソーシャルワークは社会哲学と慈善活動に基づいた実践である
仏教ソーシャルワークはスピリチュアリティの発展を含む多くの奉仕を提供する
寺院に根ざした活動は重要である
寺院の奉仕から社会が利益を得られる限り意味のある活動である
多大な貢献が必要である
地域社会の参加とリーダーシップが不可欠である

現在の課題
経済的, 組織的な問題
明確な方法や管理運営の欠如
実践における困難性と課題 (すべての寺院が活動をしているわけではないこと等)
仏教ソーシャルワークは社会に統合されるべきであること
尼僧の実践に関する課題

　表3-2-14に示すように, 回答者は仏教ソーシャルワークの課題を解決する方法についても答えた。アヌラーダプラ県では69.6%の回答者が僧侶と尼僧の能力開発に関して言及した。たとえば, 教育訓練の実施, スキル開発, 教育機関の設立等を挙げた。次に多かったものは, 尼僧の環境や地位向上についてであり, ある回答者 (Nuns025) は, 「尼僧は情報へのアクセスがなく, 保護も受けられません。その尼僧院は一時的に建てられただけです。尼僧の教育水準と仏教に関する知識は低いと思います。」と語った。他の回答の中には, 地域社会との協働的なネットワークを構築することや, 寺院において経営や運営のあり方を改善することが必要である, との指摘があった。したがって, いくつかの回答は, 表3-2-4のソーシャルワークの教育訓練についての結果や, 表3-2-8の寺院と地域社会を発展させる要因についての結果と一致する。

表3-2-14　仏教ソーシャルワークを改善する方策 (アヌラーダプラ県) *

項目	度数	%
仏教やソーシャルワークについての教育訓練を行うこと	80	38.6%
僧侶と尼僧の知識, 態度, スキルを改善すること	36	17.4%
僧侶と尼僧のために教育機関を設立すること	28	13.5%
尼僧の教育的, 社会的, 健康的, 経済的な課題を解決すること	13	6.3%
僧侶としての振る舞いを保つために教義や規則に基づいて実施すること	9	4.3%
社会と経済を発展させること	8	3.9%
村人と寺院の関係性を向上させるプログラムを実施すること	5	2.4%
寺院の運営体制を強化すること	4	1.9%
その他	24	11.6%
総数	207	100.0%

*6件の無効なデータは除外した。

4　考察と結論

(1) まとめと含意

　本研究の目的は，スリランカの農村部の地域社会における仏教ソーシャルワーク活動の現状を検討することであった。僧侶と尼僧の背景，活動と経験，その活動による地域社会への影響等に焦点を当てた。ここでは，本研究の知見を整理した後，仏教ソーシャルワークの実践と教育に関する示唆について議論する。

　回答者の僧侶と尼僧は，心理社会的観点から，自己の活動に満足しているように見受けられた。その多くが仏教ソーシャルワーク活動は社会にとって重要であり，実際に貢献していると述べた一方で，その活動の改善や発展が必要であると指摘する回答者もいた。

　実際，調査結果から，地域社会の僧侶と尼僧が現場で様々な活動を行っていることが明らかとなった。回答した僧侶と尼僧は宗教的活動やスピリチュアルな活動だけでなく，社会開発的な活動等を草の根レベルで行っていた。これらの多様な活動は，地域社会のニーズに基づいて，僧侶と尼僧の宗教的実践やスピリチュアルな実践と統合されているように見受けられた。

　また，多くの回答者が地域社会との関係性が仏教ソーシャルワークの要であると語った。とくに，僧侶と尼僧は地域社会との協力的な関係を強化する必要があると指摘した。地域社会の未解決なニーズや課題について，他の関与者と僧侶・尼僧が協働して活動すべきであると語った回答者がいる一方で，地域社会からはすでに良い反響があると認識している回答者もいた。また，多くの回答者は仏教ソーシャルワークの活動に社会や政治的な力が及ぼす影響については否定した一方で，回答者の3分の1に当たる僧侶や尼僧は仏教ソーシャルワークが社会に与える肯定的な影響を認識していた。これらの結果から，地域社会と協働的に実践される仏教ソーシャルワークはどのような社会的，政治的文脈においても貢献しうる，と多くの回答者が考えている可能性が示唆される。

　さらに，仏教ソーシャルワークにおける課題も明らかとなった。定量的およ

び定性的データの分析結果から，寺院として，また僧侶や尼僧として，仏教ソーシャルワーク活動の発展における課題が見出された。すなわち，個人や組織のレベルでの能力開発が仏教ソーシャルワーク教育には求められている，ということである。その課題には，僧侶と尼僧の間の教育や実践経験の格差が含まれる。これらの知見は，仏教ソーシャルワークにおける教育開発の必要性に呼応するものである。

(2) 限　　界

　他の実践的なフィールド研究と同様に，本研究にはいくつかの限界がある。実践的研究におけるアプローチや認識論は厳格な実証主義によるものとは異なるが，本研究のデータ収集に関して以下の点に留意が必要である。第一に，面接ガイドを元に収集されたデータは，回答者の元の語りよりも質が低い可能性がある。調査者は回答者の語りを記録用紙に記載したのち，そのデータはシンハラ語から英語へと翻訳された。人的資源と時間枠組みの制約があり，記録されたデータの質は不十分なものであったと言わざるを得ない。第二に，データの信頼性にかかる潜在的な問題がある。たとえば，事前に準備された質問項目の一部が不明瞭であった。結果として，質問の意図が現地調査の中で，調査者によって恣意的に変換されてしまったおそれがある。回答者も，各質問の言葉の意味を，調査前の意図とは異なる形で解釈した可能性がある。そのため，本研究における知見について，こうした限界に留意の上，解釈する必要がある。

(3) 結　　論

　以上のように研究上の限界を有しているが，本研究はスリランカにおける仏教ソーシャルワークをより良く理解する一助となり，他の分野における示唆をも含むものである。実際，僧侶と尼僧の回答や語りを包括的に用いた分析結果から，スリランカの仏教ソーシャルワーク活動の実態が明らかとなった。とくに，本研究では僧侶と尼僧の背景，活動，主観的な経験，直面している課題等を明らかにして記述した。

　PBR による知見は活動と教育に対する重要な示唆をもたらす。異なる見解は存在するものの，多くの回答者の僧侶や尼僧は教育訓練の機会が必要であると考えていた。そして，スリランカにおける仏教ソーシャルワーク教育の発展のために，本研究の知見を参照することができると考える。仏教ソーシャルワーク教育の発展こそが PBR の目標であったため，教育者らは，仏教ソーシャルワークにおける活動事例の経験や地域社会のニーズを考慮して，カリキュラム・デザインを発展させることができよう。たとえば，優れた実践事例を学生と共有し議論することや，地域社会や人々が直面している未解決の課題解決法についての科目を検討することもできる。さらに，仏教ソーシャルワークの教育者にとっては，僧侶と尼僧の間の格差の解消や，地域社会の他の関与者との関係構築の戦略等，活動と教育におけるその他の課題について議論し発展させることも必要である。

　本研究は 1 カ国の特定の地域における知見のみを示したものではある。しかし，教育者や実践家は，本節で記された知見を様々な場で発展させたり応用させたりすることができる。今後，仏教ソーシャルワークに関する PBR において，本研究で明らかとなった実践的な諸側面を，より信頼性の高い方法論を用いて，スリランカおよび他国において検討することが望まれる[18]。

参考文献

Akimoto, T. (2017). The globalization of Western-rooted professional social work and exploration of Buddhist social work. In Gohori, J. (ed.) *From Western-rooted professional social work to Buddhist social work: Exploring Buddhist social work* (pp. 1-41). Tokyo: Gakubunsha.

Chandraratna, D. (1991). Alternative models of development: The Sarvodaya experience in Sri Lanka. *Asia Pacific Journal of Social Work and Development, 1* (2), 76-90.

---

18)　調査者と実践家は，調査設計にあたって，より綿密な定量的および定質的なデータを扱う混合研究法等を用いることによって，データ収集および分析の方法を向上させることができよう。例として，実践における諸要因間の関連性を調べるための多変量解析等の定量的調査や，仏教ソーシャルワーク実践の経験を深く議論するための質的分析等が挙げられる。

Creswell, J. W., & Clark, V. L. P. (2017). *Designing and conducting mixed methods research (2nd ed.)*. Los Angeles: Sage.

Herath, H.M.D.R., & Wickramasinghe, A. (2015). Buddhist 'social work' activities in Asia: Sri Lankan case study. In Kikuchi, Y. (ed.). *Buddhist 'social work' activities in Asia* (pp.15-42). Chiba: Asian Center for Social Work Research (ACSWR).

Higashida, M. (2016). Integration of religion and spirituality with social work practice in disability issues: Participant observation in a rural area of Sri Lanka. *SAGE Open*, 6(1).

Higashida, M. (2018). Relationship between the policy and practice of community-based rehabilitation: A case study from Sri Lanka. *Journal of Kyosei Studies*, 2, 1-31.

Higashida, M. (2019). Participation of disabled youths in religious activities: Indigenous social work practices in rural Sri Lanka. *Journal of Disability & Religion*, 29(3), 194-208.

Onwuegbuzie, A. J., Johnson, R. B., & Collins, K. M. (2009). Call for mixed analysis: A philosophical framework for combining qualitative and quantitative approaches. *International Journal of Multiple Research Approaches*, 3(2), 114-139.

Senanayake, S. J., Gunawardena, N. S., Palihawadana, P., Bandara, S., Bandara, P., Ranasinghe, A. U., Karunarathna, R. H., & Kumara, G. P. (2017). Out-of-pocket expenditure in accessing healthcare services among Chronic Kidney Disease patients in Anuradhapura District. *Ceylon Medical Journal*, 62(2), 100-103.

Wickramasinghe, A., Kodituwakku, C., & Perera, J. (2015). *'Practice based research': Based on the practices of Buddhist monks and nuns in Sri Lanka*. [unpublished]

第3部

論　考

第4章　仏教，仏教ソーシャルワーク，スリランカ史

H. M. D. R. Herath（H.M.D.R. ヘラ）

　スリランカの価値体系の中心は仏教と結びついている。仏教が紀元前3世紀にスリランカに伝来して以来，スリランカの統治者は仏教の価値観に従い，その価値観を実践に反映させてきた。これは紀元前3世紀に，マヒンダ長老がデーヴァーナンピヤティッサ王に，仏教に基づいて国を統治するように進言したことから始まった。本章の目的はスリランカの仏教ソーシャルワークの歴史的側面を分析することである。

1　紀元前3世紀以降の歴史

(1) アヌラーダプラ時代

　シンハラ人は他者と挨拶する時に「アーユボーワン」と言う。その意味は「長生きしてください」である。ブッダは経典の中で，病者を世話することは，ブッダに世話を施すのと同じである，と語った。アヌラーダプラ時代以来，僧侶は

写真 4-1　ミヒンタレー比丘病院跡（紀元前3世紀の遺跡）

注：デーヴァーナンピヤティッサ王はマヒンダ長老の助言の下，大布施堂（飲食寄付所：マハーパーリ・ダーナ・シャーラーワ）を設置し，人々に無料で食事を提供した。また，米の寄付所，世界初の病院（紀元前247年）等を設置した。

健全な社会を維持する方法を王に指南してきた。実際，歴史的に最初に導入された病院の概念はブッダによるものであり，ブッダの恩恵を受けたのである（Uragoda, 2000: 38）。

　紀元前4世紀，パンドゥカーバヤ王時代に，医療施設が設立され，多くの患者が施設内で治療を受けた（Mahawamsa, 1924: 10, 102）。王は仏教の教えに従い，徳を積むために病院を設置したのである。マヒンダ4世の息子（956〜972年）は，ミヒンタレーにて，一般住民のために病院を設立した（Culawamsa, 1925: 51, 73）。セーナ2世はアヌラーダプラに病院を建設した（851〜855年）。ブッダダーサ王（362〜400年）は動物クリニックを開設し，後に数多くの動物病院を設置した。

　さらに，大王統史（マハーワンサ）には，様々な種類の病院や保健活動が国内で展開された，と記されている（表4-1）。

表4-1　紀元前3世紀に建てられた病院の名前

パーリ語	シンハラ語	英　語
Sivi sala	Mathru nivasa	Maternity hospital
Gilana sala	Gilan hal	General hospitals
Veijja sala	Veda hal	Local hospitals
Panguna	Wikalanga rohal	Peadiatrics hospitals
Pasarantheenan	Presava nari vedaya	Gynocology hospitals
Kanang salake	Akshi rohal	Eye hospitals king
Upasagga roga vejjesala	Bowanaroga rohal	Community diseases hospitals
Bhikkhu vejjesala	Bikshu rohal	Monks hospitals

(i) ドゥッタ・ガーミニ王（紀元前161〜137年）

　ドゥッタ・ガーミニ王は18の小さな医院を設立した。医師たちへの給与は公的に支払われた。さらに，王は安全なお産を促進するために産婦人科施設を設置した。また，王は産婦人科病院に助産師を配置した（Paranawithana, 1959a）。

(ii) ランジャティッサ王（紀元前119〜109年）

　ランジャティッサ王は僧侶のための病院を設置した（Mahawamsa, 1924: 27, 33）。

写真 4-2　アヌラーダプラのマハー・ヴィハーラ（大寺）

(iii) ブッダダーサ王 (337 ～ 365 年)

　ブッダダーサ王は自身が有名な医者であった。精神的な健康と身体との関連についての新しい概念を社会にもたらした。精神科病院はブッダダーサ王の指導の下で発展した。さらに，国内のすべての村に病院を建設し，10 村当たり 1 村に王宮病院を設置し，医師たちに給与を支払った（Mahawamsa, 1924: 37, 112, 144-149, 152-171)。

(iv) ウパティッサ王 (365 ～ 406 年)

　ウパティッサ王はブッダダーサ王の息子であり，僧侶の助言を忠実に守り，王室が徳を積むための義務として仏教ソーシャルワークの活動を展開した。ウパティッサ王のソーシャルワーク活動は以下の通りである（Mahawamsa, 1924: 118, 183)。

- ・日常的な大布施堂（王宮で提供される僧侶のための無料の食事）
- ・物乞いのための特別な寄付
- ・妊婦のための無料の食事提供
- ・盲人のための無料の食事提供
- ・貧困層の住民のための無料の食事提供

(v) ダップラ 1 世 (661 ～ 664 年)

　ダップラ 1 世は僧侶と患者のために特別な医療施設を設置した。

(vi) アッガボーディ 4 世 (624 〜 640 年)

ダップラ王の息子で，下記の社会組織を国内に設立した（Mahawamsa, 1924: 42, 43, 46）。

- ・来訪者全員に食料を提供する新しい大布施堂
- ・盲人のための眼科医院
- ・国内の病院
- ・全国に下水施設を完備

(vii) メーガワンナ王 (328 〜 337 年)

メディリギリヤの碑文によると，メーガワンナ王は無料の保健サービス・プログラムを展開し，医療支援グループや医療従事者を支援した。さらに，僧侶のために新しい保健構想を展開した（E. Z. vol.3: 26）。

(viii) セーナ 2 世 (833 〜 853 年)

セーナ王は僧侶の助言に従い常に患者と貧困層の人々を支援した。

- ・僧侶のための大布施堂（飲食寄付所ダーナ・シャーラーワ，またはダンサラ）を再編
- ・アヌラーダプラ西部に新病院を設立（Mahawamsa, 1924: 51, 73, 80, 81）

(ix) カッサパ王 (898 〜 914 年)

僧侶は，ほとんどの王に，都心部だけでなく村での保健サービスの開発を進言した。カッサパ王時代，都市病院（ベーサッジャ・サーラー）と，農村部や郊外の病院（ベーサッジャ・ゲーハ）が設置された。また，カッサパ王はキリバスヴェヘラの碑文に記述されているように，ギリワッタに特別な医院を設置した。ポロンナルワとアヌラーダプラに 2 つの主要な病院も設置した（E.Z. vol.1: 153）。

(2) ポロンナルワ時代

(i) パラークラマバーフ大王 (1153 〜 1186 年)

　ポロンナルワ時代，パラークラマバーフ大王は何百人もの患者を収容できる
大病院を設置した。一人ひとりの患者に看護師が割り当てられた。国内の町ご
とに独立した医院が設立され，病院職員や支援者には無料の食事が支給され
た。大王は訓練された医師を患者の診療に従事させ，医師らに給与を支払った。
また，動物クリニックを開設した (Mahawamsa, 1924: 16, 31)。

写真 4-3　アラハナ比丘病院遺跡と外科器具 (1153 〜 1186 年)

(ii) ニッサンカ・マッラ王 (1236 〜 1270 年)

　ニッサンカ・マッラ王は都市部と農村部に布施堂 (ダーナ・シャーラーワ) を
設けた。王は国内の貧困層の人々のために多くの施設を提供した。その社会
サービスには，安全な飲料水を汲むことができる井戸の建設や沐浴場の開発が
含まれる (Paranawithna, 大学史, 1959b: 569, 571, 572)。

(3) ダンバデニヤ時代

パラークラマバーフ 2 世 (1236 〜 1270 年)

　この時代には，僧侶は王による医学文献の執筆に多大な影響を与えた。以下
は，アノーマダッシ・サンガラージャ師による著書である。
　　・ベーサッジャ・マンジューサー
　　・サーラールタ・サングラハ
　　・サーラー・サングラハ

　上記の著書に加え，多くの医院が国内に開設された。とくに，蛇に噛まれたときの治療を提供する医院，整形外科医院，眼科医院が有名であった。

(4) コーッテ時代
1505年のポルトガル侵攻によるスリランカ仏教教育体制の破壊

　ポルトガルは西欧諸国の中で初めて，1505年にスリランカに侵攻した。ポルトガルは土着の仏教徒の敵となった。沿岸に独立した文化圏域を建設し，寺院，仏塔，ピリウェナ，仏像を破壊した。仏塔や仏教建造物の石柱を切り崩し，ローマ・カトリック教会の礎石として使用した。さらに，国内の僧侶や村人を粛清した。牽引的な仏教僧院があったケラニヤ，トタガムワ・ウィジャヤバー・ピリウェナ，ペピリヤーナ・スネートゥラーデーウィ・ピリウェナ，ワッタラ・シリサンガボー・ピリウェナ等が攻撃を受けた。数多くの教育施設は窃盗や強奪に合い，財産が奪われた。とくに，金銀や高級品がポルトガルに奪われた（Ray & De Silva, 1959）。

　村人の多くはローマ・カトリック教に強制的に改宗させられた。僧侶はピリウェナでの教育やソーシャルワーク活動を中止し，暴力行為から命を守ろうと努めた。15世紀はスリランカにおける仏教衰退の時代である。シンハラ人のドン・ジュアン・ダルマパーラ王は仏教徒であったにもかかわらず，ローマ・カトリック教に改宗した。これらと並行して，ラージャシンハ1世はシタワカ王国時代にシヴァ教を受け入れた。彼は僧侶を虐殺し，寺院を破壊し，国内の仏教図書館に放火した（Wachissara, 1960: 35）。結果，この時代に僧侶のほとんどが姿を消した。

(5) キャンディ時代
(i) 僧侶の受戒式の回復と再導入

　13世紀から18世紀はスリランカにおけるブッダの教え（ブッダ・シャーサナ）の暗黒期であった。寺院主導の活動は崩壊し，寺院は住民の家に姿を変えた。悲劇に直面し，教育訓練を受けることができなかった僧侶は在家として生活した。

　この暗黒期に，若い見習い僧（サーマネーラ）がウェリウィタという村のハリ
スパットゥワから誕生した。その僧侶はウェリウィタ・サラナンカーラ長老と
して知られ，キールティ・スリー・ラージャシンハ王と良好な関係を築き，僧
侶の受戒を再導入することに賛同を得た。結果，サラナンカーラ長老はシャム
（現在のタイ王国）に書簡を送った（Wijewardana & Meegaskumbura, 1993: 100）。
シャムの僧侶は1756年にスリランカに来訪し，選ばれた僧侶に具足戒を与え
た。これにより，高位に進むための入り口に入った。その後，サラナンカーラ
長老はスリランカのシャム派の再構築を主導した。最終的に，サラナンカーラ
長老はキャンディ地方における最初の仏教図書館群を開設した。その後，国内
の他地域にも活動が広まった。この革命的な出来事ののち，サラナンカーラ長
老は大僧正（サンガ・ラージャ）として中央部や他地域において仏教ソーシャル
ワークを再始動させた。そのスローガンは「他者のために働け」（パラッサン・
パティパッジャタ）である（スッタ・ピタカ）。

(ii) 仏教復興運動と英国植民地時代の仏教ソーシャルワーク (1796 ～ 1931 年)

　英国植民地時代は，仏教の観点から見ると，スリランカの歴史上で最悪の時
代の一つである。スリランカ全域で僧侶は仏教と仏教社会を守るために英国政
府と闘った。この状況下で，僧侶はその主たる役割を諦めざるを得なかった。
僧侶は解放運動を組織し，英国人を国外へ追放しようとした。つまり，僧侶は
意図的に，僧侶としての伝統的な役割に背くことになりながらも，国の存続の
ために闘った。

　1815 年 5 月，英国は国内全土を占領した。英国人とシンハラ人の間にはあ
る条約[1]が結ばれた。その第 5 条に仏教保護に関する宣言が含まれたが，英国
政府により 1 年もたたないうちに破られた。英国統治初期から，僧侶の主な役
割は，仏教と仏教徒，つまり島の住民の信仰を保護することであった。英国に
よる条約反故ののち，僧侶は 1817 年から 1818 年にかけて，キャンディ地方の

---

1)　［和文編者注］いわゆるキャンディ条約のこと。

貴族や，内陸部（とくにウバとウェラッサ）の村人の支援を受けて解放運動を組
織し，英国に立ち向かった。この闘争で僧侶を含め少なくとも 2 万 8 千人の犠
牲者が出た。1840 年，官有地侵害法令の下，仏教寺院が所有していた土地が
英国政府によって支配されることになった（Wimalarathna, 2009: 127）。これら
の土地は僧侶がシンハラの王らから与えられ，代々受け継がれてきたもので
あった。この時代には，仏教が中心であるはずのスリランカ国内で，僧侶に対
する様々な差別が行われ，劣悪な扱いを受けるようになった。統治者トリント
ンの時代には，政府は僧侶から税金を徴収し，僧侶は封建的制度（ラージャカー
リ・クラマヤ）の下で手工業を行わなければならなかった。

(iii) 仏教復興運動と仏教ソーシャルワークの新時代の前夜

　19 世紀の仏教復興運動は西洋諸国によるスリランカ侵略と直接的に関わっ
ている。なぜなら，英国の植民地下で仏教は活動する場がなかったからである。
また，西洋の宣教師やキリスト教統治政策は仏教の正当な立場を認めなかっ
た。英国政府はキャンディ条約を公に反故にした。さらに，僧侶だけでなく仏
教社会を苦しめた。1810 年には様々な修道院組織がスリランカに来てキリス
ト教主義学校を建設した。

表 4-2　1810 年のスリランカにおけるキリスト教主義学校の広がり

地域	宣教師団	学校数
ゴール	キリスト教徒	23
マータラ	キリスト教徒	18
コロンボ	キリスト教徒	6

（Wimalarathna, 2009: 177）

　1812 年にバプテスト，1814 年にウェスレー派，1816 年に米国宣教師団やそ
の他宣教師がそれぞれ教会を設立した。これらにより僧侶の立場がより弱く
なった。1829 年に修道院組織は 312 のキリスト教主義学校を開設した。もう
一つの重要な出来事は，1817 年に英国政府がポーヤの祝日を廃止したことで
ある（Wimalarathna, 2009: 179）。

(iv) 20 世紀における仏教ソーシャルワークの再建

ピリウェナ教育機関の多くは，下記のような様々な理由により弱体化していた。

- ・政府がキリスト教主義学校を優先したこと
- ・政府がシンハラ語の仏教学校を英語学校に変更したこと
- ・仏教学校への政府援助を打ち切ったこと

これらの挑発的行為の結果，上級の僧侶たちは地域社会の援助を受け，ピリウェナを再び開設することを決意した。

表 4-3　仏教教育施設と活動の中心となった僧侶

僧侶の名前	年	場所
Ven. Walane Siddartha	1841	Rathmalana Parama damma pirivena
Ven. Seenigama Deerakkanda	1832	Deepaduththramaya, Kotahena
Ven. Tuduwewththa Pannasiha	1832	Kumaramaha viharaya
Ven. Siri Sumanatissa	1832	Sailabimbaramaya, Dodanduwa

これらの僧侶はシンハラ人の仏教組織をつくり，キリスト教主義学校の関与者と対峙する必要があった。そして，これらの組織は，仏教徒の子どもたちのための仏教学校を再始動させた。結果，ドダンドゥワに「ジナラブティ・ウィソーダニ」という男子学校と，「ヤショーダラー」という女子学校が設立された。

(v) 新しい仏教教育施設とヘンリー・スティール・オルコット大佐

20 世紀後半に，キリスト教と仏教との間に激しい闘争が起こった。キリスト教徒と僧侶の間で，重要な宗教的課題に関する 5 つの論争 (パンチャ・マハーワーダヤ) が行われた。論争の場所はキリスト教の要塞であった。5 つの論争は，ガンポラ論争，ワラーゴダ論争，ウダンウィタ論争，バッデーガマ論争，パーナドゥラ論争，として知られる。

これらの討論の話題は世界中に広がり，西洋の学識者たちは仏教徒の要求に反応した。5 つの討論は教育を受けた雄弁な僧侶，すなわち，ミゲットゥワッテー・グナーナンダ導師，ヒッカドゥウェー・スマンガラ長老，ウェリガマ・

スマンガラ師，P. グナラタナ師，その他の有識者たちによって行われた。最終的に，パーナドゥラ論争を知った米国人，ヘンリー・スティール・オルコット大佐がスリランカに来訪した。オルコット大佐は仏教の価値に気づき，神の創造に反対した。大佐は仏教寺院への支援や，仏教ソーシャルワークを行うための支援を開始した。それにより，僧侶は子どもたちのための仏教学校を開設した。続いて，コロンボにて男児のための日曜英語学校が始まった。

　キリスト教主義私立学校によりもたらされた困難に立ち向かうため，仏教寺院は僧院の私立学校を国内の様々な場所に開設した。1886 年 11 月 1 日にコロンボで最初の仏教学校が開設され，アーナンダ・カレッジと名付けられた。当初，この学校は仏教英語学校として紹介された。開校前に，僧侶，地域の寄付者，海外の支援者が協力して仏教国際財団を創設した（Wimalarathna, 2009: 183）。この財団はサラサウィ・サンダレサ紙と呼ばれる仏教新聞に資金提供する等，あらゆる広報活動を支援した。とくに，仏教復興プログラムはヒッカドゥウェー・スマンガラ長老，モホッティワッテー・グナーナンダ導師[2]，レッドビーター氏，コロンボの寄付者，セイロン理想主義会によって組織化された。

　コロンボにあるアーナンダ・カレッジの設立後，キャンディにダルマラージャ・カレッジ，クルネーガラにマリヤデーワ・カレッジという 2 つの仏教僧院学校が開設された。僧侶のソーシャルワークによる仏教僧院学校の発展は表4-4 の通りである。

表 4-4　スリランカの仏教僧院学校数の推移

年	学校数	生徒数
1880	4	246
1885	8	734
1890	18	1,761
1895	54	6,261
1900	142	18,700

（Wimalarathna, 1992: 186）

---

2)　［和文編者注］ミゲットゥワッテー・グナーナンダ導師のこと。

仏教活動が徐々に活発化し，最終的には国を挙げての運動へと発展した。地域の仏教徒集団の支援を受け，ダンマパーラ師と他の僧侶が禁酒運動を主導し，国内のアルコール消費量を減らすように努めた。この運動における僧侶の役割は重要であった。その運動と並行して，ダンマパーラ師はスリランカとインドの大菩提会も創設した。こうした寺院による活動の結果，僧侶のほとんどが国内の様々な地域で組織立った仏教学校運動に携わることになった。現在のスリランカには約1万校あり，政府が管轄している。当初は，それらのほとんどは寺院の敷地内で仏教僧院学校として開設されたものであった。

2　多機能組織としての仏教寺院

19世紀と20世紀には，仏教寺院は西洋の植民地支配の下で劣悪な環境に置かれた。しかし，寺院は国内の中心的な組織となり，社会にソーシャルワーク活動を提供した。スリランカの独立後，寺院の活動は一層組織立ったものとなっていった。僧侶は日々，目まぐるしく働いた。僧侶らのスローガンは「他者のために働け」（パラッサン・パティパッジャタ）である（スッタ・ピタカ）。

寺院は国内において認知度が最も高く中心的な社会的組織である。統計データによると，2019年には国民の70.2%がシンハラ人の仏教徒であり，その日常生活は仏教寺院と直接的に関わっている。スリランカには約1万5千の寺院が存在し，僧侶と尼僧は約4万9千人いる。

紀元前3世紀に仏教はマヒンダ長老によってスリランカに公伝された。マヒンダ長老は弟子とともにスリランカを訪れ，デーヴァーナンピヤティッサ王の時代にスリランカに仏教の仕組みを構築した（Deraniyagala, 1995: 14）。マヒンダ長老の来訪以前，スリランカには組織立った宗教が存在せず，異なる民族がジャイナ教，精霊信仰，トーテム信仰に関連した活動を行っていた。マヒンダ長老は仏教文化の発展に身を捧げ，新しく設立した寺院を拠点に宗教活動を組織化した。そして，スリランカ全土に寺院に結びついた仏教文化が広まった。あらゆる慈善的，社会的な活動は村の寺院を拠点に行われている。寺院は，村で助けが必要な人々に奉仕を提供するための最も認知度の高い中心的存在と

なった。では，村人のためにどのような奉仕が提供されてきたのだろうか。

(1) ライフサイクルに不可欠な奉仕の提供

　僧侶は村の子どもの出生前にもその家を訪れ，ブッダの時代から実施されてきた胎児を守るための仏教儀礼として，アングリマーラー・ピリットを唱える。それにより，妊婦は安全に出産し，産褥期のリスクを軽減することができる。子どもが生まれた後には，成長過程に沿って，散髪，お食い初め，識字教育等のあらゆる縁起の良い行事に僧侶が加護を与える。成人式や結婚式では仏教徒たちは村の僧侶を訪れ，加護や功徳を請う。ライフサイクルの最期である葬儀でも，僧侶は重要な役割を果たす。葬儀を行う僧侶は，その地域の他の僧侶全員とともに功徳を与える準備をする。3カ月目，1年目等の節目に，僧侶により儀式が執り行われている。これらから明らかなように，寺院は村の上層に位置する助言機関であり，村と相互依存の関係にある。

(2) 社会化と人格育成のための村の組織としての寺院

　有史以来，アヌラーダプラからコロンボまで，寺院はブッダのジャータカ物語（本生譚）や仏教の中心的な教義を示すために利用されてきた。ほとんどの仏教絵画はアヌラーダプラ時代とポロンナルワ時代の僧侶によって描かれた。こうした仏教絵画の目的は，人々に仏教の価値観を内在化させ，子どもの人格を育成させることにある。村人が寺院を訪れた際に，僧侶らはブッダや仏教に関する価値観を解釈し解説する。

(3) 村のリーダーシップの中心としての寺院

　古代社会から現代社会に至るまで，僧侶は村のリーダーであり，村人に必要な指南や助言を与えてきた。村の開発プログラム，農業，村の問題解決，法や秩序の整備，健康問題，教育，侵略者に対する闘争等は，すべて村の僧侶によって方向づけられてきた。寺院の主な役割は，物質的な発展や精神的な発展に関するあらゆる問題に対して助言することである。そのため，僧侶には村人を指

南するためのリーダーシップが不可欠である。

(4) 医療の中心としての寺院

　アヌラーダプラ時代以来，僧侶は最良の教育を受けた医者であった。伝統医療を学び，実践した。その知は世代を超えて受け継がれてきた。僧侶により運営されている農村部の病院がいくつも存在する。さらに，寺院の庭には，村人のために薬草が植えられている。村人は薬草を採るために寺院を訪れる。

(5) 村の法律や秩序を管理する機関としての寺院

　古代より寺院は争いを解決するための重要な機関であった。争いごとには家庭問題，所有物に関する問題，子どもの問題，村の強盗，高齢者介護の問題等が含まれる。村々での数多くの問題が寺院によって解決されてきた。人々は僧侶が公平で中庸な解決策を与えてくれると期待している。ある王は僧侶をアヌラーダプラの最高裁判所判事に任命したことさえある。とくに，植民地時代においては，僧侶は村々での多くの法的問題を地方裁判所には送らず，寺院にて解決した。

(6) 教育機関としての寺院

　アヌラーダプラ時代以来，仏教寺院は村の子どもたちに早期教育を提供してきた。寺院は学習を始めたばかりの子どもたちのために独立した部門を設けた。のちに，寺院が主導する仏教学習施設が村々に設立された。最終的に，これらの施設はピリウェナへと進化した。20世紀には，一流のピリウェナのいくつかは，ケラニヤ大学やスリ・ジャヤワルダナプラ大学のような国立大学へと発展した。国家レベルでは，数多くの僧侶が王の教師となった。

(7) 占星術施設としての寺院

　村の寺院に在籍する僧侶のほとんどは優れた占星家でもある。僧侶は占星術を習得し，村レベルの占星術的な問題を解決してきた。スリランカでは人々は

現代の日常生活でも縁起の良い暦[3]を信じており，寺院を訪れ目的に合った最良な暦や時間を尋ねる。新生児の名付け，新居の建設，新居祝い，誕生，成人，結婚，死去等のあらゆるライフ・イベントが，惑星運動や太陽系の運動と関連する，と捉えられている。村人たちは天文学的な計算や解法について僧侶に全幅の信頼を置いている。

(8) 仏教音楽，舞踊，芸術の中心としての寺院

　スリランカでは古代から仏教音楽がブッダへの奉仕として発展してきた。この奉仕には5つの音を生み出す5つの楽器が使用される。これは日常的な仏陀供養（ブッダ・プージャーワ）の一部である。のちに，これらの音楽は仏教音楽として発展した。スリランカの太鼓と伝統音楽を発展させた学校もある。仏歯寺（ダラダー・マーリガーワ）も，毎年の祭のための大楽団を有している。国内の寺院ごとにも楽団がある。また，仏教劇の伝統も寺院で発展した。多くの仏教劇はジャータカ物語や仏教史の人物に基づいている。毎年開催される宗教祭では仏教文献に基づいた劇が上演される。さらに，芸術や仏教絵画が寺院で教授されている。僧侶は寺院で芸術や絵画を学び，それを若者に教える。多くの仏教高等教育機関ではカリキュラムの一環として芸術科目を導入している。

(9) 防災施設としての寺院

　スリランカでは重大な気候変動の影響や災害は起こりにくい。しかし，しばしば，深刻な干ばつ，飢饉，洪水等，村人にとって災難となる出来事に見舞われてきた。重篤な疾病や伝染病の蔓延に見舞われることもあった。その予防過程として，僧侶は寺院を通じて主導的な立場を取ってきた。多くの寺院では，ブッダの言葉である「病者を世話することは，ブッダに世話を施すのと同じである」（スッタ・ピタカ）という言葉を壁に掲げている。僧侶はスッタ・ピタカを導きの書として認識してきた。僧侶は必要に応じて米や薬草を村人から集

---

3)　[和文編者注] シンハラ語でナァカタのこと。運星や吉兆の時を意味する（野口，2015）。

め,寺院の敷地内に一時的な小屋を建てたのち,臨時病院に発展させたことも
あった。

　筆者は,沿岸部を襲った津波のことを回想した。内陸部の僧侶の多くが様々
な場所へ赴き,避難所の建設に貢献した。政府や赤十字が到着する前に対応し
たのは僧侶である。僧侶は人々を助ける際に,宗教,民族,その他の立場等に
より対応を変えることはなかった。スリランカの内戦中も,僧侶は真っ先に犠
牲者たちの支援を行った。僧侶は戦地へ赴き,応急処置や必要な支援を施した。

(10) 村の主要な蔵書施設としての寺院図書館

　スリランカでは村々に豊富な蔵書を有する貝多羅葉図書館がある。貝多羅葉
図書館は何世紀もかけて収集された仏教文献の原典,歴史,技術,考古学等の
書籍を所蔵している。これらの資料は貴重であるが,村の発展のために一般配
架されている。寺院図書館の蔵書は既存の知識体系へのアクセスを容易にし,
古代の知識体系を維持するのに役立っている。

(11) 村のカウンセリング施設としての寺院

　村ごとの問題解決のために様々なカウンセリングが必要である。寺院には,
在籍する僧侶が様々な課題に対応するための部門がある。毎年開催される宗教
祭は常に僧侶の務めに関わる。僧侶は祭や儀式を暦に基づいて執り行う。こう
した年中祭は,世代間の格差を埋める機能を果たしている。プログラムの中に
は,人々に合理的な教えを与えるものもある。説法の中には現代の人々に伝統
知を与えるものがある。たとえば,ウェサック祭は,布施にも関わるとともに,
若者から高齢者までの幅広い層の人々を動員する。この祭の目的はブッダの生
誕,悟り,大般涅槃を祝うことであるが,その二次的機能は人間存在の価値を
照らし出すことである。また,満月の日(ポーヤ・デー)は村人にとって儀式の
日である。人々はこれらの様々な行事に生き生きと参加する。

(12) 寺院による社会統合機能

　スリランカにおいて寺院によるソーシャルワーク活動は社会を統合する機能を持つ。異なるカースト，階級，地位に属する人々が，寺院で一堂に会する機会を持つ。寺院の構造により，その敷地内では多様な層に対して平等な機会が提供される。寺院は差別することなく，村人に平穏な生活を提供する。さらに，寺院ではスピリチュアルな生活へと導く瞑想プログラムを提供する。このように，すべての僧侶は意図的に無償でコミュニティワークを行っている。その見返りとして，僧侶には村人からわずかな食事が寄進される。これは，紀元前3世紀以来，21世紀まで続いてきた。時代が移り変わるにつれ，寺院によって行われる奉仕には濃淡があるが，僧侶は尊厳，勇気，貢献の心を持ち，不変を維持する。こうしたソーシャルワーク活動は，若い見習い僧（サーマネーラ）から最長老に至るまで，一生涯の奉仕でありスピリチュアルな活動の一環なのである。

3　スリランカにおける比丘（僧侶）教育の伝統

　紀元前3世紀，最初の仏教教育施設がデーヴァーナンピヤティッサ王によって設置された。この機関はマハー・ヴィハーラ（大寺）と呼ばれ，のちに大寺伝統（サンプラダーヤ）として発展した。少なくとも3世紀間に渡って活発に活動した。その後，ワラガンバ王の庇護の下でもう一つの教育機関が設立され，アバヤギリヤと呼ばれた。紀元前4世紀（334〜361年）には，マハーセーナ王が比丘のための別の高等教育機関を設立し，ジェータワナ比丘高等教育施設や

写真4-4　アバヤギリヤとジェータワナ比丘高等教育施設

祇陀林寺と呼ばれた。

(1) マハーサンガ（仏教僧団）を通じた一般教育

　長部経典（ディーガ・ニカーヤ，3: 117）によると，シンガーラ経（善生経）は社会の一般の人々への教育の重要性を主張する。そして，マハーサンガ（仏教僧団）の役割は，説法（バナ）を通じて人々を導くことである，と明確に記されている。マヒンダ長老はスリランカに来訪してすぐに，古都アヌラーダプラにある公共の場で説法を開始した。古都全域の集会所は説法を行うために使用された。そして，比丘らも説法を開始した。僧侶は日常生活における五戒の導入等，新たに宗教実践を開始した。

(2) スリランカの僧侶により開設された 8 つの仏教機関

　アヌラーダプラ時代末期までに，シンハラ人の王の庇護の下，スリランカに8つの仏教学術機関が設立された（E.Z. vol.3: 71，バドゥッラ碑文）。これらの機関は高齢で教養があり徳の高い僧侶により運営された（Balagalla, 1995: 28）。

1. Uttarolahe 機関（北部）
2. Mahanethpasada（Mahaneth pada 機関）
3. Kappura mula 機関（Kapara mula 機関）
4. Wahaka deepaka 機関（Wahadumula）
5. Dakkina mula 機関（南部）
6. Selanthara mula 機関（Galathurumula）
7. Sarogamamula 機関（Wilgammula）
8. Senapathimula（Senaviradmula）

　パラークラマバーフ大王（1153 〜 1186 年）の時代に，約 3,700 人の高位の僧侶は，仏教高等学習施設として機能していた上記 8 機関で暮らしていた。これらの機関は仏教教育を提供した。

　当初から，スリランカで僧侶は国の文化的な教育者である。「紀元前 3 世紀から僧侶は国の文化的主導者であった。僧侶が教育，文献，芸術の保護および

発展に寄与してきた。僧侶はあらゆる宗教活動に参加し人々に助言を与える。このように，僧侶は国の教育者であり，寺院は教育施設である。」とされている（Soratha, 1963: 625）。

(3) 寺院と学校

　その教育体制の管理者は僧侶であり，寺院と，寺院で学習した信徒が仏教教育の伝統を発展させてきた。寺院は全国で地域社会の一般教育施設となった。王族の子どもたちだけでなく，一般の子どもたちも寺院で学習した（Rahula, 1948: 32）。ほとんどの寺院が仏教，国の文明化，科学，医学，占星術の科目を開講した。また，寺院では教師を訓練し，寺院運営，文化，医学，占星術を教授した。教師たちは寺院で長年過ごし，カリキュラムの自由度は高かった（Wikramanayaka, 1999: 89）。マハー・ヴィハーラ（大寺），アバヤギリヤ，ジェータワナ・ラーマヤは先進的な教育機関であった。毎日3回の授業があり，ほとんどの科目は僧侶の仏教教育や道徳教育の発展に当てられた（Sasanarathena, 1965: 83）。

(4) 僧侶の教育カリキュラム

　伝統的なシンハラ人の仏教教育カリキュラムは，ポロンナルワ時代まで存在していた仏教教育体系と全く同じである。宗教教育の基礎は国内の学生の道徳教育に結びつく。寺院と学校は連携し，質の高い教師が科目を担当した。カリキュラムには，宗教教育に加え，語学，芸術，技術教育，芸術，サンスクリット語，パーリ語，シンハラ語，歴史，算術，占星術，医学，演劇，論理学，絵画，視覚美術が含まれた（Jayaweera, 1996: 93）。仏教教育体系は，比丘（僧侶）教育と一般教育の2部門に分類された。僧侶は，いくつかの特定の分野については学ぶことが禁止された。比丘学校の伝統的な教育カリキュラムにおいては18の技術科目と64の芸術科目が教授された。

(5) スリランカにおける新しい仏教教育機関の誕生

　スリランカの仏教教育体制は，紀元前3世紀に始まり13世紀まで，比丘高等教育施設であるマハー・ヴィハーラ（大寺），アバヤギリヤ，ジェータワナを通じて続いた。これらの下で8機関が開設された。13世紀のダンバデニヤ時代には，ピリウェナが主導的な寺院によって再建された。ピリウェナは僧侶だけでなく一般住民も受け入れた。それぞれのピリウェナには独自のアイデンティティとカリキュラムがあり，数多くの教師と施設を有していた。村集落の中には王の庇護の下で設立された大きなピリウェナも存在した。それらには宿泊施設があり，多くの僧侶が有資格の上級の僧侶によって修行を受けた。これらのピリウェナは，スリランカにおいて僧侶と住民が利用可能な先進的な教育機関となった。ほとんどのピリウェナは一つの学習部屋から始まった。僧侶だけでなく住民もピリウェナのプログラムにて学習した。生徒たちは科目学習とともに仏教ソーシャルワークの活動も行った。科目には，芸術，彫刻，絵画，占星術，吟唱，図形（ヤントラ），真言（マントラ），その他の科目（たとえば，4世紀にナンダ師が3つの仏像を中国に送るためにつくった）が含まれた。アーナンダ・クマーラスワーミ博士は，シーギリヤの芸術やフレスコ絵画が大乗（マハーヤーナ）の僧侶によるものである，と主張している（Nanda, 1992: 47）。

　上述の通り，ピリウェナの教育体制は，僧侶や住民に対して一貫して教育機会を提供し，国としての目標達成に貢献してきた。僧侶は教育を受けたのち，村や都市の地域社会の中で人々に導きを与えてきた。ピリウェナ教育体制は僧侶の道徳教育に関わったマヒンダ長老の導きによりアヌラーダプラ時代に始まった。コーッテ時代には，ピリウェナは人間の生存と保護のために学際的な科目を教授する唯一の教育施設であった。いくつかのピリウェナは農業，天文学，詩学等の科目も教授した。

参考文献

Balagalla, W. (1995). Asteayathena hewath ate mula. In *Ape Sans Kruthika Urumaya*. Colombo: Ministry of Buddasasana

Deraniyagala, S. (1995). Prag Itihasika Janawasa. In *Ape Sanskruthika Urumaya*. Colombo: Ministry of Buddasasanna

Jayaweera, A.M.S. (1996). *Traditional curriculum in Sri Lanka*. Colombo: Library Service Board.

Nanda, B. (1992). *Baudda Arama Sanwidanaya*. Colombo: Godage Publishers.

Paranawithana, S. (1959a). *Ancient health and medicine, Vol.1*. Colombo. [古代保健医療]

Paranawithana, S. (1959b). *University history, Vol.1*. Colombo. [大学史]

Rahula, W. (1948). *Biksuwakage Urumaya*. Colombo: Lanka Putra.

Ray, H.C., & De Silva, K.M. (1959). *History of Ceylon. Colombo*: Ceylon University Press.

Soratha, K. (1963). *Dhrmasastronnathi*. Galkissa: P.Abeywikrama.

Sasanarathena, M. (1965). *Oriental society*. Moratuwa: Oriental Society Publication.

Uragoda, C.G. (2000). *Sri Lankawe Waidya Sathra Etihasaya*. Colombo: T. S. De S. Gunawar Dana.

Wachissara, K. (1960). *Saranankara Sagaraja Samaya*. Colombo: Don Edwin and Sons.

Wejewardana. (1990). *Dahaatawana Siyawase Siam Srilanka Sambandatha*. Colombo: Meegaskumbura Pradeep publication.

Wijewardana, H., & Meegaskumbura, P.B. (1993). *Siam-Sri Lanka religious relationships: 18th century A.D.* Colombo: Pradeepa Prakashakayo. (In Sinhala)

Wikramanayake, A. (1999). *Srilankwe Samprdaika Aramika Adyapanaya*. Colombo: Wjesuriya Publication center.

Wimalarathna, K.D.G. (2009). *Lankawe Brithanya Adhipthyay (1796-1948)*. Colombo: Rathna Book Publishers.

原典・碑文

Mahawamsa. (1924). A.P.Buddadaththa Thero, Aluthgama. [マハーワンサ：大王統史]

Culawamsa. (1925). W.Geiger, p.T.S. London,Vol.1 [チューラワンサ：小王統史]

Epigaphia Zeylanica (E.Z.) Vol.3: 26

Epigrphia Zeylanika (E.Z.) Vol.1: 153

第5章　仏教ソーシャルワークの定義 [1]

Anuradha Wickramasinghe（アヌラダ・ウィクラマシンハ）

　はじめに，仏教は宗教ではないことを伝えたい。仏教を宗教とみなす人々には反対の立場である。他方，ムスリムはアッラーという神を信じるため宗教である，と言える。キリスト教徒は神を信じるので宗教である，と言える。しかし，仏教では神を信じるわけではない。自己を信じるのである。これが仏教であり，すなわち仏教は宗教ではない所以である。

　仏教では自己を信じねばならない。自己の精神を持ってすべてを統制しなければならない。「他の誰も信じてはならない。神やその他の精霊的なものを信じてはならない。自分自身を信じなさい。自信を持ちなさい。自分を信頼しなさい。」とは，ブッダの言葉である。つまり，我々は尊敬すべき自国において，仏教徒としてこの言葉に従う。スリランカの慣習も同様である。

　第二に，仏教ソーシャルワークについて議論したい。仏教ソーシャルワークを西洋の枠組みに当てはめることは不可能である。仏教ソーシャルワークの創始者がブッダだからである。ブッダは仏教ソーシャルワークを一人で構築した。そして，仏教ソーシャルワークは過程であると伝えたい。西洋の枠組みの中での議論に仕向けられるという理由から，仏教ソーシャルワークという用語にさえ反対の立場である。我々は東洋人であり，西洋の枠組みには適さない。

　我々はあらゆる事象を国の土地や文脈と結びつける。そのため，ベトナム人，スリランカ人，日本人はこの観点から言うと同じである。我々は同じ人間である。これが，仏教ソーシャルワークの創設者がブッダであると強調する理由である。これが，ブッダが仏教ソーシャルワークという生き方を生み出した理由である。仏教は宗教ではなく生き方である。哲学的にいうと，人間性を維持す

---

1)　本章は Akimoto, T., & Hattori, M. (eds). (2018) *Working definition and current curricula of Buddhist social work.* pp.90-99. に収録されているハノイ国際専門家会議(2017年12月5・6日)における口頭報告(音声記録)の再掲である。ただし，編者が構成等を大幅に編集した。

るためのある種の統制である。

　人間性や人々を支援するための様々な活動について議論する代わりに，「仏
教ソーシャルワークとは何か」という問いについて考えたい。まず，シッダー
ルタ（シッダッタ）王子としてのブッダの人生について議論する。シッダールタ
王子は，かつては，何不自由の無い生活を送っていた。

　ある日，シッダールタ王子は大臣と御者（馬車の運転手）とともに外出した。
そして，とても高齢な人が歩いているのを見かけた。王子はそれまで，そのよ
うな光景を見たことがなかった。王子は「あれは誰だ。」と尋ねた。御者は「老
人です。」と答えた。「人は歳をとるのか。」と尋ねると，御者は「そうです，
王子。」と答えた。

　シッダールタ王子は歩き続けた。王子は落ち込んだ人や，心身が病んでいる
人を見かけたとき，「あれは誰だ。」と再び尋ね，御者「あれは病人です，王
子。」，王子「王国にはこの他に病人がいるのか。」，御者「はい，います。」と
話した。王子は少し考え始め，再び歩き始めた。

　そして，王子は死者を目にした。王子は「なんということだ。あれは誰だ。」
と尋ね，御者「死者です。あの人は死んでしまい，人々によって運ばれている
のです。周りの人々は泣いています。」，王子「こんなことが人生で起こるの
か。」，御者「そうです。」と話した。王子は再び考えて歩き出し，黄色い袈裟
を着た僧侶を見つけた。王子は「あれは誰だ。」と尋ね，御者は「あれは僧侶
です。袈裟を着た僧侶です。黄色はスピリチュアリティを象徴しています。」と
答えた。シッダールタ王子は世界中で起こっている人生の出来事について考え
た。王子は「これは私の知っていた世界ではない。このような世界は好きでは
ない。」と語り，自分自身に向けて「なぜ貧しい若者がいるのか。なぜ老人が
いるのか。なぜ苦しんでいる人がいるのか。答えを見つけたい。」と問うた[2]。

　ソーシャルワークについて語るならば，病気を抱える人々を治療し，患者を
ケアし，信徒や無実の人々に施設を提供しなければならない。これはソーシャ

---

[2]　この4つの大きな兆候は，王子がすべての喜びを学び，苦の終わりを見た主要素である。

ルワークの一側面である。しかし，真の仏教について語るならば，仏教がソーシャルワークではないことを認識する必要がある。なぜなら，仏教徒はブッダの教えに従わなければならないためである。個人的に，ブッダに従わなければならない。これがブッダの方法である。社会として，我々は従わなければならない。これが，筆者の語りたい真の仏教である。

　これらの前提を踏まえ，仏教ソーシャルワークの定義について議論する。ブッダが見た現実に基づいて，それに従うことが，生きとし生けるものの苦からの解放への道筋となる。門外漢に仏教ソーシャルワークを定義付けることは不可能である。いかにして，仏教ソーシャルワークを定義付けることができるだろうか。仏教ソーシャルワークは病者，貧しい人々，問題を抱えている人，死者にとってのものであり，そうした種類の活動を行うことができる。

　しかし，人生における解放は全く異なることである。仮に，それを人間の苦からの解放としよう。ブッダの教えと人間の解放に基づくと，仏教ソーシャルワークの定義は，「あらゆる苦からの人間の解放への道筋」となる。

　我々は煩悩と密接に関連する。社会における主な問題は，物質主義的な生活，富，政治的権力を求めているということに関わる。仏教徒はこれを人生ではない，と言うだろう。人生のあらゆる悲しみは物質主義的なアプローチでは解決されない。悲しみと向き合うための力が必要であり，正念（マインドフルネス）を発展させる必要がある。これをブッダの説教から学ぶことができる。

　ブッダの解脱に関する教えは，ここでは詳述しないが，苦は出発点である。苦はしばしば個人的な欲望，外的要因，内的要因から起こり，それらの欲望への執着が収まったときに，収まるものである。

1　八正道

　人々が苦から抜け出すのを助けるために，仏教には八正道の教えがある。ブッダは多くの人，病者，死者，僧侶を見てそれを見出した。解脱を実現するために，ブッダは宗教ではなく，中道を提供しようとした。我々はこれに従わなければならない。そうすることで解放されるのである。ブッダが示す，苦か

ら自由になるための実践的な道は八正道と呼ばれる。これは仏教ソーシャル
ワークの基礎である。

　正見，つまり正しい見識を持つことが必要である。見識がなければ，いかに
して何かを証明することができようか。それこそ，ブッダが見識は不可欠であ
ると語った所以である。苦とその起源や終息の過程に気づくことが，ブッダが
語った見識の一部である。

　正思惟は正しい判断のことである。正しい考え，放棄する意思，善意と無害
の意思を持つことを意味する。

　正語には，誤った言説，くだらない会話，無駄なおしゃべりから離れること
が含まれる。他者と会うときにこうしたことが常に起こる。ブッダはこれらか
ら離れるように説いた。

　正業は危害を加える行為を慎むことを意味する。

　正命は，生計が正当なものであり，他者に危害のないものであることを意味
する。収益は正当に，平和的に，誠実に，倫理的に手に入れられるべきであり，
これは重要である。宗教について，もしくは宗教としての仏教について語るの
であれば，正しい生計を発達させなければならない。主流になろうとも，いか
なるものも破壊したり排除したりしてはならない。平和な人生を歩むことが重
要である。

　正精進，つまり未発生の不善のための努力等によって，身体的な病いから離
れて暮らすことができる。

　正念は，現在の内外の状況に気づいた状態であり，あらゆる考えや感情，そ
して行為に結びつく。

　正定は物事を理解し精神を正しく集中させることである。

　これがブッダの生き方である。これこそがブッダが世界にとって良い，と見
出したものであり，世界中の苦についての説明でもある。我々はこれに従わな
ければならない。従うのは容易である。そして，そうしない理由もない。これ
を宗教と考え，神を尊敬しなければならない，と考える人もいるかもしれない
が，こうした認識は真の仏教ではない。

2　5つの道理

　仏教ソーシャルワークにはいくつかの活動がある。とくに，ブッダは生きと
し生けるものにとっての幸福を促進した。仏教ソーシャルワークでは，動物や
木等，自然界のあらゆる生命体にとっての幸福も追求する。ブッダの分析的な
表現にある理論と実践に焦点を当てると，仏教ソーシャルワークは，ブッダの
教えの中の仏教哲学における5つの道理に基づいている。

　これらは重要であり，分析的に検討する必要がある。仏教ソーシャルワーク，
西洋のソーシャルワーク，キリスト教ソーシャルワーク，イスラム教ソーシャル
ワークについて語る人がいるかもしれないが，これは誤りである。縁起（パティッ
チャ・サムッパーダ）によると，ブッダはそれこそが真の仏教であると語った。
しかし，仏教に異なる誘惑を与えようとする者がいる。それは間違いである。
ブッダは世界には5つの道理があると語った。それらが世界を統制している。

　第一の道理は季節である[3]。風，雨，乾燥，雪等の季節のあらゆる移り変わ
りを意味する。人為的な要因により，自然環境自体が変化し，知らず知らずの
うちに季節の特性も変化してきている。人為的活動が気候変動や自然災害を引
き起こしている。

　ブッダが，季節を道理の第一番目に挙げたことは重要である。タイの僧侶は
これに気づいた。タイ人は仏教をスリランカ人から学んだ。仏教を習得すると，
それをタイ仏教へと発展させたのである。このように，我々は知を共有するこ
とができる。我々に共通するのは季節的な要因である。なぜ気候は変化するの
か。現代において，我々は気候変動が原因で様々な問題に直面している。

　ブッダは，もし我々が気候や季節の道理を壊すならば，問題に直面するだろ
うと語った。大気中の二酸化炭素排出量が原因となり気候変動が起こってい
る。我々は二酸化炭素を削減しなければならない。どのように削減すれば良い
か，計画を立てなければならない。最も大きな木であり，最も大きな物とも言
える菩提樹の下で悟りを得たブッダのように，我々も同じことをしなければな

---

3)　［和文編者注］ウトゥ・ニヤーマのこと。

らない。正しい瞑想と深呼吸によって鍵がもたらされるだろう。

　人間は起床し，酸素を吸い込み，酸素で体を満たして二酸化炭素を吐き出す。菩提樹は二酸化炭素を吸収し酸素を吐き出す。ブッダは菩提樹の下で酸素を吸い込み，二酸化炭素を吐き出した。これは科学的な見解である。木や植物は二酸化炭素を吸収して酸素を出す。我々の血は浄化され，思考は明瞭となる。これが，ブッダが悟りを得られた理由である。酸素なしでは我々は生きていくことができない。酸素があれば血の巡りは円滑になる。精神も正常になる。

　ハノイ，コロンボ，バンコクで何が起きているだろうか。人々は至る所で災害を目にする。それらは気候的な現象であると言われるが，多くが人為的な災害であろう。人為的な災害が原因で季節は変化を強いられている。自然を守られねばならない。ブッダはこれに気づいた。これはブッダの教えの一部である。

　もし木々を破壊すれば，環境を破壊することにつながるであろう。「あなたは季節を変えることになる。」とブッダは語った。「酸素がなくては死んでしまう。」とブッダは言った。

　第二の道理は細菌と種に関連する。細菌により疾病を患う等，様々な問題が起こる。種については，たとえばマンゴーの種を植えるとマンゴーの木が育つ。種からその植物が育つ。米を植えると，麦ではなく，米ができる。これがブッダの道理の一つである。こうした現象について大学の課程で学ぶかもしれない。しかし，それはソーシャルワークではない。

　これは実践しなければならないことである。教義は仏教に基づくべきである。ハノイやスリランカの仏教系大学等，あらゆる大学はブッダの真の教えの道に従うべきである。仏教について語るのであれば，あらゆる教義，あるいは卒業論文でさえ，この哲学に基づくべきである。

　物理有機化学的な原理，たとえば麦，米，トウモロコシ等は種からできることや，サトウキビや蜂蜜に甘さを感じることへの問いは，ブッダが説明したことそのものである。果物や種子の特徴的な性質，細胞や遺伝子の科学的理論，双子の身体的な類似性等は，ブッダの教えに立ち返ることができる。ブッダは宗教的リーダーであるという人もいるが，それは違う。ブッダは宗教的なリー

ダーではない。ブッダは我々に生き方を示した。ブッダは悟った。ブッダは我々に，何かを悟るならば考え方を改めよ，と説いた。これが第二の道理であるビージャ・ニヤーマであり，ブッダが気づき，教えたことである。

　第三の道理はカンマ・ニヤーマである。行為と結果として，何かを為したならばそれは返ってくる。行為は良い結果も悪い結果ももたらす。悪い行為をすると悪い結果が返ってくる。もし善行を為せば良いことが返ってくる。これは，生得的な連続性において，人間の機会と不可避の結果があるというブッダの教えである。行為と結果の連続性は自然なものである。

　ブッダは縁起で何を語っただろうか。我々は縁起に従う。筆者はソーシャルワークについて主張はしない。ソーシャルワークは人間性を維持するものである，と教えられる。しかし，ブッダの真の知は，将来の地域や人々の知恵の発展のためのものである。これこそが真の仕事であり，規範による仕事である。

　第四の道理[4]は，万有引力や類似する自然法則，自然現象の基準である。万有引力は一般的に重力と呼ばれるものである。これらはブッダの教えの中でも実践的な側面を持つ。

　第五の道理[5]は意識の過程である。意識は，顕在的な精神，テレパシー，商業的な予感，透視，思考の解読，その他の心理的現象によって構成される。現代科学はこれらの現象を検証する。測定不能なものや実験室に持ち込めないものは，心理現象であり精神的なものであるため，変化しうる。それは，精神を発展させれば，より深い理解を得ることができる，ということになる。

　スリランカの文脈における仏教ソーシャルワークの実践例をいくつか紹介する。子どもが出生する前に，スリランカの仏教社会では妊婦を寺院に連れていく。妊婦が寺院に行けない場合は僧侶が家庭訪問する。僧侶は座って穏やかにアングリマーラー経を詠唱し，子どもが健康に育つように祈る。

　こうした儀式は現在も家庭で行われる。これが，ブッダが僧侶に「決して全員で同じ道を行かないように。」「違う道を行きなさい。」「できるだけ多くの

---

4)　［和文編者注］ダンマ・ニヤーマのこと。
5)　［和文編者注］チッタ・ニヤーマのこと。

人々と会い，考えを分かち合いなさい。」「尊敬するように，と人々に説くのは
やめなさい。」「知恵が何であるのか，何を実践しているのかを共有しなさい。」
と説いた所以である。

　そのため，スリランカの僧侶もタイの僧侶も，おそらくベトナムの僧侶も，
同じ伝統に従っている。僧侶に来るように頼むのである。これは国内で実際に
行われていることである。

　スリランカでは伝統薬が，ブッダとその信徒の生活の質を取り巻く仏教説教
と結びついた。この文脈では，村のすべての僧侶が信徒の家を訪れ，人々や家
庭の社会的，精神的，身体的な問題に対して詠唱，加護，カウンセリングを与
える。僧侶らは家庭問題でさえも友好的に解決するために訪問を求められる。
スリランカの仏教文化では，高齢者は宝と見なされ，家庭を大切にする。医者，
寄付者，学者，学長が人々から尊敬されるように，僧侶らも尊敬される。

　村では誰かが深刻な状況に陥った時には，他の村人が自発的に必要なものを
提供する。これがスリランカにおける仏教実践の方法である。仏教ソーシャ
ルワークや関連した実践活動には多くの知るべきことがあろう。

　仏教の伝説によると，最初のブッダはディーパンカラ（燃燈仏）である。
ディーパンカラ・ブッダはスメーダにゴータマ・ブッダになると予言を与えた。
彼のソーシャルワークに関する努力は広がった。家の建設，用水路の掃除，心
身の健康問題の軽減，社会経済的な困窮を減らすための地域社会支援の組織化
等において貢献した。ここからようやくソーシャルワークと関連することにつ
いて説明することができる。教義の柱に支えられ，ソーシャルワークが生まれ
たのである。

　ブッダは信徒に収入を四分割して経済を改善する方法を授けた。第一に生
活，第二と第三に投資，第四に将来や災害時のための貯蓄である。ブッダが教
えたことは他にもある。ブッダが悟りについてのみ語ったと考えている人もい
るが，それは誤りである。ブッダは人間を正しく，正統な方法で助けたいと考
えていた。ブッダの教えは経済的な社会化なのである。

　ブッダは農家に何と言ったか。農家は灌漑を建設し，質の良い水を手にする

必要があった。多すぎることなく，正しい分量を，正しい時に，正しい場所で，手に入れる必要があった。将来は別の誰かの資源になるため，自分たちの資源を枯渇させてはならない。そうして信徒らは経済を発展させてきた。信徒の生計に関するブッダの指導において，蜂が花から花粉を集めるように，家庭は富を集めるべきである，と示唆した。蜂は花の香りや美しさを損ねることなく，蜂蜜にするための花粉を集める。同様に，人間は富を正しく使用し，経済のバランスを取り，正当な経済発展のために，自身の内なる可能性を実現することが期待される。これが社会化である。ブッダはバランスを強調した。すべてを搾取するのではなく，蜂のようにバランスを取ることであり，これこそ仏教の教えである。ソーシャルワークの授業ではこうしたことを教えるだろう。

　ゴータマ・ブッダは人生で何を最も優先するべきか，人生で何が最も大切かについて気づいた。すべての人間には食料が必要である。食料がなければ生き残ることはできない。先述のような現実がある。ブッダはパセーナディ大王に，統治者として投資によって施設を人々に提供し，経済発展と貧困軽減に寄与するべきである，と進言した。政府が投資し，地域社会に還元するべきである，というのがブッダの言葉である。ブッダは悟りについてのみ語ったと考える人がいるかもしれないが，このように，正しく社会生活を送る方法についても説いた。

　ブッダは民主主義が重要であると説いた。ブッダは，これを宗教的な教えとして捉えてはならないと語った。ブッダは何世代にも渡って受け継がれてきた古代の考え方や書籍から学ぶようにと指導した。

　理解したこと，気づいたこと，分析的に考えて結論を出したことを信じなければならない。そして，それに従い実践しなければならない。神や他者ではなく，自己を信じなければならない。恩師を尊敬しなければならない。筆者は同僚，教授，先輩，僧侶を尊敬している。しかし，筆者は自分自身が学んだことに従っている。これこそが真の仏教であり，仏教や真の民主主義のための正当化なのである。

　仏教ソーシャルワークは社会的な憎悪については支持しない。憎悪は憎悪

によって止むことはなく，慈愛によって止む[6]。ブッダは正しい怒りや正当化された怒りは存在しない，と語った。怒りは社会的な緩和についての大きな無知である。ブッダは政治理論についてこのように語った。ブッダは王にも教育を施すと言った。

　筆者が説明しているのは伝統的な政治ではなく，ブッダの政治である。ブッダにとって，政治的な正当化は平等な分配に基づいている。ブッダは国境と水をめぐって争っていた2人の王に進言した。ブッダは王らに平等な分配が大切であると教え，分かち合わねばならないと伝えた。資源はすべての人間，動物，あらゆる生き物に属する。忍耐こそが憎悪への答えとなる。仏教ソーシャルワーカーは人格を磨く必要がある。人格は仏教ソーシャルワークにとって重要である。

　ある母親の物語を述べたい。その女性はブッダによって妊娠させられたと訴えた。ブッダは静かに，「それは違います。」と応えた。ブッダは何が起きたのかについて考えた。ブッダは女性に対して憎悪を抱かなかった。ブッダのように，誰に対しても忍耐強くならなければならない。これがブッダの教えであり，ブッダの社会的カウンセリングである。

　同様に，息子を亡くしたキサー・ゴータミーの物語がある。彼女はブッダのもとを訪れ，息子を取り戻してほしいと頼んだ。ブッダは「それは無理です。彼は死んだのです。」とは答えず，「わかりました。辛子の種を見つけて来てくれますか。息子を取り戻してあげましょう。見つけられますか。」と応えた。その後，キサー・ゴータミーは息子を連れて家々や村々を渡り歩き，あらゆる場所で助けを求めた。死体が腐るに連れ，異臭を放つようになった。そして，彼女はこれが人生の一部であることに気づいた。彼女は息子の死体を墓地に埋葬し，ブッダのもとを再び訪れて，「ブッダ，私は現実を理解しました。」と語った。

　パターチャーラーは仏教史における別の物語である。彼女は精神的混乱のあ

---

6)　[和文編者注] 1951年に，サンフランシスコ講和会議にセイロン代表として出席したジャヤワルダナ（後に大統領）が，この法句経（ダンマパダ）の一節を引用して，セイロンの日本に対する戦時賠償請求を放棄する演説を行ったことが有名である。

まり，服を着ていなかった。夫が死に，子どもが死に，すべてを失っていた。しかし，ブッダは応えず，「あなたが答えなければなりません。」と語った。彼女はすべてを告白し，何が問題なのかを悟った。その後，ブッダは事情を確認し，自身の考えを伝えた。

　世界的に疾病が蔓延した。疾病は社会によって対処されなければならない。ブッダは仲間の僧侶を治療することでこれを象徴化した。これが仏教ソーシャルワークである。

　ここでグリーン・ソーシャルワークについても簡潔に説明したい。ブッダは統治者らに森林を守り，植樹活動を行うように，と指南した。ブッダは樹木が好きであったに違いない。ブッダは，命は樹木から始まると考えていた。さらに重要な点は，ブッダの説法の原則は，僧侶の正しい行為の規則を並べることであった。植物の破壊は禁止されている。ブッダは植生における5つの伝搬，つまり根から，茎から，節から，挿し木から，種から，生命が伝播することについて説明した。

　スリランカでは，村々の家庭菜園に穀物，植物，果物，薬草が植えられ，農村部では熱帯雨林植物の部門も存在する。ベトナムも同様と考えられるが，筆者はハノイの空港に到着したときに心配になった。地滑りを起こした多くの山々が見えたからである。ここに住んでいる人々は山や森林を破壊しているのではないか，と思った。もしそうならば問題である。ブッダは「木を伐採してはならない。」と説いた。ブッダは，人間と母なる自然は互いに恐怖を抱くことなく生きなければならない，と説いた。人間が他者に対する共感性や関心を育むことができれば，思いやりを持った人生を歩むことができる。これは自然にとっても良いことである。

　ブッダは家を出て悟りを開いた。ブッダはルンビニーにあるカピラ城には戻らなかった。ルンビニーを再訪したのは出家してから9年後であった。父親であるスッドーダナ王はとても心配していた。ブッダの父はブッダが王子であった頃，大臣の一人に「カールダーイ，お願いだから息子を連れ戻して来てくれ。私は息子に会いたい。」と言った。カールダーイがブッダのもとを訪れると，

カールダーイもまた悟りを開いた。しかし，カールダーイはそのことを誰にも伝えなかった。9年後，カールダーイは，今こそがブッダに伝えるべき時ではないかと考えた。カールダーイは何を語ったか。それは，環境が世界によってどのように所有されているかに関してであった。カールダーイは「どこを見ても木々は青々として，花が開き，喜ばしい光景です。花びらが落ちるたびに，辺りは華やかな香りに包まれます。そして，果実の実りが訪れます。」「満開の花をつけた木々のおかげで，あなたの王国も美しいです。どうか戻って来てください。」と言った。カールダーイはさらに自然について語った。自然のおかげで人生が変化することもあると。そして，「自然はとても美しいです。今こそ，お父様にお会いになる時ですよ。」と語った。僧侶として，カールダーイはブッダを故郷の王国であるカピラ城へと招いた。

ブッダが僧侶にかけた優れた言葉はいくつもある。僧侶たちがその根拠となる。もし，僧侶が植物を刈ったり破壊すると，罰の対象としてみなされる。

アショーカ王の娘であるサンガミッター長老尼は菩提樹をスリランカの命の象徴として広めた。これは重要なことであった。スリランカのグリーン・ソーシャルワーカーである僧侶は，河川流域や高地等の場所に再生林を設けた。マンゴーやイチゴのような果樹や農業穀物を植える目的のプロジェクトも存在した。一本のマンゴーの木が，60もの水源を育むことができると十分に証明されている。他にも水源を育むことのできる木々がある。果たして，このような植物を破壊するだろうか。

僧侶は自然保護活動において，スリランカ社会の最前線に立っている。僧侶はソーシャルワーカーであり，カウンセラーであり，説教師であり，自然や地域社会の世話人である。スリランカの僧侶はその初期から，村の環境，村の貯水池の建設，森林集水系に関わってきた。マンゴーの木を植え，家庭菜園や穀物地を保護し，水供給のための水門付灌漑を建設してきた。

仏教ソーシャルワークは心身の苦から人間を解放し，生きとし生けるものを保護し，社会のニーズを調整し，富を共有し，自然を守る取り組みを行う。これこそが仏教ソーシャルワークである。

第6章　非社会的な宗教としての仏教というヴェーバーの主張への反証と，スリランカ・仏教ソーシャルワークの過程

Pepiliyawala Narada（ペピリヤーワラ・ナーラダ）

　本章はスリランカの仏教ソーシャルワーク活動をテーマとし，いくつかの主要な特徴に焦点を当てる。これまで筆者は，仏教には非社会的な性質があり仏の教えはソーシャルワークには結びつかない，というヴェーバーによる考察に異議を申し立ててきた。本章では，仏教は社会福祉の一形態であることを示し，僧侶がいかに信徒と触れ合ってきたかについて検討する。主にパルポラ・ウィパッシ導師，オーマルペー・ソービタ師，パンニラ・アーナンダ師らの仏教ソーシャルワークの活動を検証した。

1　非社会的な宗教としての仏教というヴェーバーの考察と，非社会的ではない仏教

　最も大きな犠牲を払い，世界中の生きとし生けるものの社会福祉のために活動した偉大な人物といえばブッダである。ブッダの教えの特徴は倫理的な性質にある。そのため，仏教は単なる宗教であるだけでなく，倫理哲学的体系を併せ持つ。理論と実践の平衡（ヴィッジャーチャラナ）が，仏教では高く評価される。仏教では倫理哲学に基づいた社会的行為を強調する。しかし，仏教の究極の目標を達成するための道は利己主義と非社会的な行為である，と主張する学者がいる。

　仏教に向けられてきた批判の中でも，マックス・ヴェーバーによる批判は，その社会学者としての功績から，突出したものとなっている。著名な論文の一つである「インドの宗教」の中で，ある人間の自己中心的な救済のために社会福祉から逃げ出した宗教である，として仏教を批判している。ヴェーバーは仏教を明確に批判し，「仏教はとくに非政治的で反政治的な立場を取る宗教であ

る」[1] と述べ，仏教徒の救済という究極の目標を，「独りよがりな諸個人による，完全に個人的活動である。誰一人として，地域社会はその個人を助けることはできない。純粋な神秘主義の特徴でもある非社会的な性質が最大限に見受けられる。」[2] とした。ヴェーバーによると，仏教は下記の理由で非社会的であるという。

- 仏教は政治体制を拒絶し政治活動には関わらないこと（非政治的で反政治的）
- 仏教は社会的関係や交流に応じないこと（非社会的）
- 仏教の神秘主義的な性質

2　ヴェーバーの主張とは異なる仏の教え

　ヴェーバーは仏教を上記のように批判しているが，D.D. コーサンビーはそれとは反対の見解を示す。コーサンビーは仏教こそが社会に大きな注意を払っている宗教であり，「明らかに仏教は最も社会的な宗教である。仏教の様々な段階において，その実践は，長年の議論の中で着実に発展し解釈されてきた。」[3] と述べている。当初，仏教は僧侶に限られたものであったが，多様な立場の人々を置き去りにはしなかった。仏教は基本的に人間中心の宗教である。そのため，仏教は社会や社会活動のために弟子に敬意を表すものであり，弟子を導かないというのは誤りである。

　こうした背景から，ディガルレー・マヒンダ師は，「ブッダの時代の主要な問題はカースト制度であった」と指摘する。ブッダがいかにカースト制度を批判し拒絶したかを読み取ることができる。とくに，アッガンニャ経（起源経）は，カースト制度の影響力について指摘し，それに関する現実的な解釈について述べている。また，ヴァーセッタ経（婆私吒経）[4] は人間の生物学的な統合を科学

1)　Weber, M. (2012) *The Religion of India*. Delhi: Munshiram Manoharlal, p.206.
2)　Ibid., p.213.
3)　Kosambi, D.D. *The culture and civilization of ancient India in a historical outline*, p.106. http://vidyaonline.org/dl/cultddk.pdf
4)　Suttanipāta. (2006). Nedimala: Buddhist Cultural Centre, p.186.

的に証明している。クータダンタ経（究羅檀頭経）[5] を参照すると，ブッダがどのように政府に貧困を軽減するように助言したかが明らかである。それは社会における生産と交換を含んだ経済体制を表象する。チャッカヴァッティ・シーハナーダ経（転輪聖王師子吼経）[6] には，貧困が広がった時は危機的状況も拡大すると記されている。そのため，政治家は人々に多くの雇用を提供しなければならないと。シンガーラ経（善生経）[7]，ヴァッガパッジャ経[8]，マハー・マンガラ経（大吉祥経）[9]，ヴァサラ経（賤民経）[10]，パラーバヴァ経（敗亡経）[11] 等には，人間の社会生活の発展について記されている[12]。

　ブッダの長い言葉として知られる長部経典（ディーガ・ニカーヤ）のシンガーラ経で見られる教えを検証することが，より有用である[13]。その中で社会は6つに分類されている。各要素はさらに二分割され，各々が役割と機能を持っている。これらの役割と機能は世俗的な生活に関わるものであるが，各要素はスピリチュアルな生活にも影響を与える。なぜなら，諸個人の世俗的な背景がスピリチュアルな発展に関係するからである。また，重要なこととして，仏教は平凡で世俗的な生活を忘れて，スピリチュアリティについてのみ語ることはない。これは「世俗的かつスピリチュアルな生活の達成」[14] と呼ばれる。

　ヴェーバー主義者による仏教神秘主義への態度は，ヴェーバーが真の仏教についていかに認識不足であったかを示す。仏教が粗野で洗練されていないとするヴェーバーの指摘は，パデガマ・ニャーナラーマ師による重要な論説「仏教は魂を認めるか」の中で否定された。パデガマ・ニャーナラーマ師は次のように述べている。「仏教では，救済は自己努力によって部分的に達成されるべき，

5) Dīghanikāya. (2006). Nedimala: Buddhist Cultural Centre, p. 248.
6) Dīghanikāya. (2006). Nedimala: Buddhist Cultural Centre, p.96.
7) Dīghanikāya. (2006). Nedimala: Buddhist Cultural Centre, p.288.
8) Aṅguttaranikāya. (2006). Nedimala: Buddhist Cultural Centre, p.234.
9) Khuddakanikāya. (2006). Nedimala: Buddhist Cultural Centre, p.6.
10) Suttanipāta. (2006). Nedimala: Buddhist Cultural Centre, p.44.
11) Ibid, p.36.
12) Mahinda, D. (1986). *Nirvanaya saha sadacaraya*. Nugegoda: Dipani Printers & Publishers, p.10.
13) Dīghanikāya. (2006) Nedimala: Buddhist Cultural Centre, p.288.
14) Ibid, p.290.

と考える。ある人が他者の煩悩を滅することはできない。次に，救済の道に入る。人は涅槃という究極の目標を目指す。仏教の見解では，救済に到達した人間は社会福祉に最も適した人材である。その人は社会で生き，見返りを求めることなく社会に貢献し続けるであろう」[15]。

3　ヴェーバーの誤解を招いた仏の教え

　しかしながら，ヴェーバーが指摘した意見を無視することも容易ではない。仏教が本格的に始まった頃，ブッダは自身が選んだ人間にだけ説教を施していた。3人のジャティラ兄弟ら5人の比丘は世捨て人であり，禁欲主義を掲げ，出家していた。ブッダによる説教が終わると，彼らは究極の目標である涅槃に到達した。また，賢衆（バッダヴァッギーヤ）と呼ばれた30人の王子は，禁欲主義者ではなかったものの，涅槃に到達した。最終的に，賢衆らは僧侶として具足戒された。ヤサ（耶舎）もまた一般住民としての生活を捨て出家した若者である。最終的にヤサもブッダによる説教の後で，ダンマ（法）の悟りを開いた。これらの人物は社会の中でも上流階級の出身であり，世俗的な役割や機能には関わっていなかった。ブッダによる最初の説法においても，自分たちが達成した道筋を他者に示すためにダンマを唱えるように信徒たちに助言した[16]。

　ムニ経（牟尼経）[17]はスッタニパータに収録されており，ヴェーバーの命題を支持する。その中で，ブッダが期待していた賢者についての定義が述べられている。「家のない生活を送り，何にも邪魔されず，闘争や欲望にとらわれず，確固として，自制心があり，思慮深く，瞑想により明晰な人物である。その人はあらゆる障壁を乗り越え，すべての物事を知り尽くしている。速く飛ぶ白鳥が孔雀とは全く異なるように，その人は家長とは大きく異なる」[18]。カッガヴィ

---

15)　Pannarama, P. (2016). *Mul budu samaya ha vivarana getalu –Early Buddhism and problems of interpretation*. Colombo Tisarana Religious & Education Center, pp.118-121.

16)　Mahāvaggapāli. (2006). Nedimala: Buddhist Cultural Centre,p.42.

17)　Suttanipāta. (2006). Nedimala: Buddhist Cultural Centre, p.62.

18)　Suttanipāta. (2006). Nedimala: Buddhist Cultural Centre, pp.62-66.

サーナ経（犀角経）[19]にも同じような説が見つけられる。ここでは，ブッダは
弟子たちに「犀の角」（カッガヴィサーナ）のように一人で旅に出るべきである，
と述べている。犀が森の中を一人で行動するように，僧侶は社会を離れ一人で
暮らし，より高次元で社会と協力しなければならないと。法句経（ダンマパダ）
は，悟りを得た聖者であるアラハント（阿羅漢）の特徴を，「究極の加護を手に
入れ，人々が避ける森林に住む人物」[20]と表現した。この説明では，アラハン
トは社会から隔絶されることを好むものとして描かれている。そして，ダンマ
の実現は，各人によって個別に達成されるべき課題とされた[21]。これらの教え
は，仏教が非社会的な宗教であり，人々を利己的な生活に導くというヴェー
バーの主張を部分的に支持する。

　上記の経（スッタ）を検証すると，仏教の黎明期には，ヴェーバーの主張は
いくぶんかは当てはまったと言える。「涅槃に達せねばならない」という使命
を持った者は，世俗的な境界を超え，自分自身の究極の加護のために修行を行
う。この目標が達成されてから，ようやく社会活動や福祉に関わることができ
る。ブッダはこうした人々のことを，次のような比喩により表現したことがあ
る。「もし誰かが泥に沈んだことが無いとしたら，その人は泥に沈んでいる人
を助けることはできない。そのため，泥に沈んだことがある人が泥に沈んでい
る人を助けなければならない」[22]と。同様に，他者に何かを教えるときには，
まず自分自身が学ぶ必要がある。つまり，救済を得たのち，他者を救済に導く
ことができるのである。この点は，有神論的な宗教とは異なっている。なぜな
ら，それらの宗教は困難に陥った時に，祈りによって救世主が現れると信じて
いるからである。仏教では，ブッダは人々を助けに来る救世主ではなく，他者
を啓蒙することにより悟りへの道筋を示す。ブッダは自身のことを他者に正し
い道筋を示す案内人であると述べている[23]。

19)　Ibid, p.22.
20)　Dhammapada, Arahantavagga, 7-10 verses.
21)　Aṅguttaranikāya. (2006). Nedimala: Buddhist Cultural Centre, p.108.
22)　Majjhimanikāya. (2006). Nedimala: Buddhist Cultural Centre, p.102.
23)　Dhammapada. (2006). Nedimala: Buddhist Cultural Centre, 276 verse.

　仏教史を検証する際，ブッダの人生には，第一期と第二期の2つの時代区分がある。初期の頃，ブッダは苦から解放する目的のためだけに説教を行っていた。四諦（チャッターリ・アリヤ・サッチャーニ），三相（ティ・ラッカナ），縁起（パティッチャ・サムッパーダ）等は仏教の究極の目標のためだけに教えられていた。仏教に入門した者は聡明で世界に対する非典型的な見方を持っていたと言える。そのため，上記の仏教の教えは，苦を和らげる宗教として社会に紹介するのには十分であった。しかし，その後，仏教は広く普及し，統治者，農家，一般家庭，商人等の様々な人々が仏教を信仰するようになった。こうした人々は，涅槃に達するための修行には参加したがらなかったため，ブッダは教えを変化させなければならなかった。これは上述のヴァッガパッジャ経を通じて決められた。こうした背景から，ブッダはダンマを2つの目的で唱える必要があった。

・スピリチュアルな解放
・社会的および世俗的な解放

　ブッダの教義はスピリチュアリティと世俗性の両方に関係している。仏教の社会哲学は世俗性に関わる教義の中にしか見出すことができない。しかし，こうした教えは最終的には人々を涅槃へと導くものであることを忘れてはならない。

　超現世的あるいは死後の世界で利益を得るには，どのような人間も自身の運命を向上させなければならない[24]。人生は生きる価値のあるものである。そのためには，助けとなるような適切な社会環境が必要である。ブッダはヴァサラ経[25]やパラーバヴァ経[26]のように，社会的な破壊を批判し，自身が期待する社会的な道徳に関する価値観をマンガラ経[27]やシンガーラ経[28]の中で唱えた。ヴァッガパッジャ経[29]では，どのように世俗的でスピリチュアルな生活を発展

24)　Suttanipāta. (2006). Nedimala: Buddhist Cultural Centre, p.80.
25)　Ibid, p.44.
26)　Ibid, p.36.
27)　Ibid, p.80.
28)　Dīghanikāya. (2006). Nedimala: Buddhist Cultural Centre, p.288.
29)　Aṅguttaranikāya. (2006). Nedimala: Buddhist Cultural Centre, p.234.

させることできるか，についてよく説明されている。増支部経典アーカンカ・ヴァッガに含まれるヴァッディ経[30]では，世俗的な利益とスピリチュアルな利益のために向上させなければならないものについて記されている。シンガーラ経では，ブッダは諸個人が経るべき段階について指摘している。同書の中でブッダは僧侶に，信徒のために極楽への道筋を示すように助言している[31]。ブッダは信徒たちが感覚的な喜びを経験すべきである，と信じていた。そのため，貧困は仏教では受け入れられない。貧困は社会におけるあらゆる悪の原因となる[32]。さらに，感覚的な喜びの経験についても，非倫理的あるいは社会的価値観を逸脱するような行為をすべきではない，と述べた。

　つまり，仏教を非社会的な宗教であると批判する学者はいるが，上述の事実により，それが誤った見解であることは明らかである。仏教は人々を世俗的でありながらスピリチュアルな生活へと導く。初期の仏教のみを検証すれば，仏教が非社会的であると誤解する可能性があるが，世界的な解放について唱えたブッダの教えを検証することによりそれは反証される。

4　初期の仏教とソーシャルワーク

　仏教は初期から信徒らに社会構造を説明し，僧侶はブッダの教えによってソーシャルワークに携わってきた。僧侶により提供された最初のソーシャルワークは人々を倫理的な道に導く活動であった。この過程において，社会が疾病に苦しんでいる時，健全な社会を築くことは困難であったため，僧侶はソーシャルワークに関わった。他方，ブッダは僧侶らに「他者を導くように自己も行動しなければならない」[33]と説いた。さらに，「まずは正しい価値観を自分の中に築き，そして他者を導きなさい」[34]と伝えた。つまり，言葉のみにより人々を幸福へと導くのでは不十分であり，行動が伴わなければならないのである。

30)　Aṅguttaranikāya. (2006). Nedimala: Buddhist Cultural Centre, p.244.
31)　Dīghanikāya. (2006). Nedimala: Buddhist Cultural Centre, p.308.
32)　Dīghanikāya. (2006). Nedimala: Buddhist Cultural Centre, p.110.
33)　Dhammapada, 12.3 verse.
34)　Ibid, 12.2

　仏教の聖典において，ラーダという貧しい高齢者が食料を求めて寺院を訪れた時の有名な物語がある[35]。息子はラーダの世話を放棄しており，ラーダには身寄りがなかった。加護を得た者が，空腹のために食料を求めて寺院にやってきたラーダの救いようのない状況を見たとき，弟子らの中にラーダとすでに関わりのあった者がいるかどうかについて尋ねた。ブッダが質問すると弟子らはしばらく沈黙し，ブッダの一番弟子であるサーリプッタ（舎利弗）が，ラーダは布施をしてくれたことがある，と答えた。ブッダはラーダの行動が，人間社会では珍しくも偉大な価値のあるものである，として讃えた[36]。そして，サーリプッタはラーダを受戒させ加護を得るまで世話をした。プーティガッタ・ティッサ長老の物語も同様である。その重い病いのため，ブッダ自らがプーティガッタ・ティッサ長老の看病をした。つまり，ブッダの時代の僧侶も，高齢者の看護や社会奉仕に携わっていたことは明白である。

　ブッダの弟子の一人であるアーナンダ（阿難陀）は，ソーシャルワークにおいて顕著な功績を残した。アーナンダはブッダの一番弟子であり王室一族であるシッダールタ[37]の親戚であった。初期において，女性は教団（サンガ）への参加を認められず，受戒は男性のみに行われた。しかし，マハーパジャーパティー・ゴータミー（摩訶波闍波提）[38]と数多くの女性らが，ブッダの不賛成にもかかわらず女性の受戒を求めた。アーナンダは女性らに共感し，ブッダと討論を行い，女性に対する受戒の許可を勝ち取り，女性の福祉を広めた。

　仏教の施しが大きく広がり，ブッダは僧侶のための道義的な規範を示した。その中に，雨季の間は僧侶が特定の場に留まり，信徒と広く関わるように求めるもの[39]もあった。雨季の間，僧侶が歩き回り信徒からの布施を受け取るこ

35) 仏教史の黎明期から，多くの貧困層の人々が食料を求めて日中に寺院を訪問していた。通常，僧侶らは住民から布施を受け取る一方で，飢えに苦しんでいる人々にその食料の一部を与えることを実践してきた。これは現在でも一般的である。

36) Saṃyuttanikāya, Radha sutta. (2006). Nedimala: Buddhist Cultural Centre, p.138.

37) シッダールタ（シッダッタ）はブッダの本名である。

38) シッダールタ王子の継母であり，シッダールタ王子の母のマハーマーヤー王妃の妹にあたる。なお，シッダールタの母親は，シッダールタの生誕から7日後に亡くなった。

39) ［和文編者注］雨安居のこと。

とさえも禁じられていた。そのため, 僧侶と信徒は, それ以前と比べ親密にな
り, スピリチュアルな生活を向上させるために一段と努めるようになった。雨
季の終わりには,「カティナ衣」と呼ばれる袈裟が信徒から, 最もふさわしい
僧侶に奉納された。僧侶はその衣を受け取って袈裟にしたのち, それを信徒へ
返した。その後, 人々はカティナ衣として袈裟をすべての僧侶に捧げ, 僧侶ら
が最もふさわしい僧侶にその袈裟を捧げるようになった。この過程で, 信徒と
僧侶が一丸となる必要があったため, 互いに友好的になるきっかけが生まれ
た[40]。仏教では互いに助け合うことを強調しており, 人々は僧侶を助け, 僧侶
も人々を助けようとする。この傾向は僧侶が行うソーシャルワーク活動にも大
きく影響を与えてきた。

5　スリランカのソーシャルワークと社会福祉における僧侶の活動

　スリランカ年代記によると, 仏教は紀元前3世紀に, インドのアショーカ王
の庇護の下, マヒンダ長老によってスリランカにもたらされた。それ以来, 現
在に至るまで, スリランカの僧侶の活動は社会の利益のために, 社会奉仕に捧
げられている。マヒンダ長老がスリランカに来訪したのち, その妹であるサン
ガミッター長老尼もスリランカに来訪し, ブッダが悟りを開いたとされる菩提
樹の挿し木を持参し, 18種類の職人を同伴した。マヒンダ長老は王室に関わ
り, 僧侶とともにスリランカの文明化に努めた。この名残は現代でも垣間見る
ことができる。

　スリランカの僧侶の社会奉仕にかかる活動は, ポルトガル, オランダ, イギ
リスによる植民地時代に, より明確となった。英国が条約によりスリランカを
完全に統治したのち, 1815年にはその条約を反故にし, 植民地化が始まった。
国全体の福祉と仏教, 文化, 人々の保護のために, 僧侶は重大な課題に乗り出
した。その偉大な努力もあって, スリランカが1948年に独立と自由を勝ち取っ
たことに続き, 僧侶は国の発展と国民の利益のために社会福祉を推進した。

---

40)　律蔵(ヴィナヤ・ピタカ)におけるカティナ犍度を参照のこと。

1980年代，スリランカ政府は26年間にも及ぶタミル・イーラム解放のトラ（LTTE）との内戦に直面した。これによって一部停滞はあったが，僧侶による福祉活動自体は存続した。2004年，スマトラ島沖地震の津波による災害においては，僧侶の社会奉仕活動の意義を証明し，大きな成果を残した。

6　スリランカにおけるソーシャルワークの主な特徴
(1) ヒパンカンデー・サッダーシリ導師

　ヒパンカンデー・サッダーシリ導師はソーシャルワーク活動の功績に関して現代における主要な僧侶の一人である。南部のゴール県出身で，5人のきょうだいがいる。ピリウェナを開校し，農村部の村々の世話をした。最も貧しいとされる農村部の子どもたちがピリウェナに通い，大学に進学することができた。人生にとって必要なものを教育がもたらすため，教育は社会に提供されるべきものである，と考えていた。最も顕著な例は，サッダーシリ導師が食料，住居，通学のニーズに対して，子どもたちに無償で教育を提供したことである。スリランカでは無償教育の制度はあるが，農村部の貧困層の大人は貧困が原因で子どもたちを学校に行かせることができない。親の無教育により，農家が子どもたちを農地に連れて行くこともある。現在では，サッダーシリ導師の厚意の下で，約1万人の生徒が教育を受け，世界に羽ばたいている[41]。

(2) パルポラ・ウィパッシ導師

　パルポラ・ウィパッシ導師はスリランカにおけるソーシャルワーカーの中心的人物の一人であり，パルポラ・ウィパッシ財団の創設者でもある。仏教教義に基づいた社会的で宗教的な価値の向上に対する貢献は突出している。ウィパッシ導師はスリランカと日本の間に宗教的，社会的，経済的な関係を築くための基礎をつくり，結果として多くの個人や機関，全国に利益をもたらした。ウィパッシ導師はウィドゥヨーダヤ・ピリウェナで僧侶としての初期の修行を

---

41)　https://www.pelpolavipassifoundation.org/about/index.html

行い，献身的に，熱意を持ってダンマを学んだ。1970年に修行のためにインドに渡り，大菩提会（マハー・ボーディ・ソサエティ）に加入した。

　社会奉仕に関わる活動は，インド大菩提会カルカッタ支部の副部長に任命された頃から始まった。その後，献身的に様々な仏教施設の運営管理を担った。ウィパッシ導師の役割は仏教巡礼者が必要とする施設を提供することや，ブッダの真の教えの伝道師（ダンマドゥータ）の役割を担うことであった。マレーシア，タイ，韓国，中国の仏教徒とともにブッダの教えを布教するために，1974年に日本に渡った。日本に滞在中，ダンマに関する幅広く深遠な知識を活かして，日本の著名な僧侶，仏教組織，慈善活動家，牽引的な実業家・経営者と信頼関係を結んだ。

　これによって，スリランカにおける仏教慈善組織を設立する基盤が整い，また日本の僧侶，慈善活動家，実業家・経営者においてパルポラ・ウィパッシ導師に対する敬愛の情が生まれた。何百万ルピーにも相当する寄付は，多くの仏塔，僧院，仏教寺院等の改築や建造，その他の大きなプロジェクトのために活用された。

　聖山スリーパーダにおける日本山妙法寺（ピースパゴダ）の建設，日本の財政的援助の下でのサマナラウェワとモラガハカンダの保全プロジェクト，コルピティヤにおける笹川ホールの建設，シードゥワにおけるヴィジャヤ・クマーラトゥンガ記念病院の建設，ボレッラにおけるキャッスルストリート産婦人科病院の病棟建設等は，ウィパッシ導師によって発案され推進されたプロジェクトである。

　ジュニウス・リチャード・ジャヤワルダナ大統領の時代に，千ルピーの保証金を元手に大統領財団を始めたのもウィパッシ導師である。ウィパッシ導師は口座預金残高を瞬く間に400万ルピーもの規模にまで増額させた。ウィパッシ導師の特徴は，非利己的な性格と，嫉妬や嫌悪を避けるライフスタイルにある。カースト，民族，宗教，出自に関係なく必要な人々を常に助けてきたが，あらゆる政党の政治家と関わっているにもかかわらず，いかなる特定政党の援助も受けていない。

　ウィパッシ導師は，1981年3月10日，皇太子明仁親王（当時）のスリランカ訪問を記念してボレッラに日本・スリランカ友好無償学校を設立した。この学校は，民族・宗教等に関わりなく，5人の教師と75人の生徒という小規模で開始したが，現在では千人の生徒がいる。これらの経費は日本の慈善活動家によって賄われている[42]。

(3) オーマルペー・ソービタ導師

　オーマルペー・ソービタ導師は1991年に設立されたスリー・ボーディラージャ財団の創設者である。ソービタ導師は，僧侶の役割は生きとし生けるものの幸福とより良い暮らしのために仕えることである，と信じている。基本的なニーズが満たされない限り，スピリチュアルな発展は無いということを認識している。そのため，農村部の貧困にあえぐ村々の生活水準の引き上げに労力を注ぐことを厭わず，住民にダンマの知識を共有している。

　ソービタ導師の社会奉仕の主要なものに比丘修行施設があり，50人以上の寄宿者に僧侶になるための修行の機会と，一般教育修了（G.C.E.）レベルまでの教育を提供している。同施設は教育省によって登録されている。そのカリキュラムはピリウェナの活動の下で開発され，仏教文献，社会科学，歴史，パーリ語，サンスクリット語，英語を含む。僧侶らはダンマを学ぶことに加え，必要な人たちのために宗教的奉仕，ソーシャルワーク，カウンセリング等にも携わる。同様に，海抜2,400メートルの土地に建てられたボーディラージャ瞑想所ではグループや熱心な実践家が無償で瞑想することができる。精神的文化を発展させる活動のために，瞑想室には100人収容可能，60人宿泊可能な施設も備えている。

　仏教は倫理的な哲学でもあるため，子どもにダンマの知識を教えることは重要である。そのため，子どもたちは4歳頃から仏教日曜学校に通い，寺院との間に強い結びつきが育まれる。そして，仏教の価値観やアイデンティティは人

---

42)　Uvias, R. (2007). A life dedicated to social work. *Daily Mirror.* (November 5)

生の初期の段階から形成される。1962年に設立されたボーディラージャ・ドゥラマヤタナヤ・仏教学校には1,700人の生徒，僧侶とボランティアを含めたスタッフが在籍している。同財団は近隣の寺院で6つの仏教日曜学校を運営している。

2002年に設立されたボーディラージャ国際カレッジは，エンビリピティヤの子どもたちの英語教育のニーズを充足し，世界で活躍できるための素地をつくることを目指している。国際語としての英語の重要性を認識しているだけではなく，道徳や規範を教え，シンハラ仏教文化の保護を同等に重視している。政府認可の学校教育であり，小学生から高校生まで千人以上の子どもが在籍している。

ソービタ導師は学校教育だけでなく就学前教育にも貢献してきた。ボーディラージャ就学前教育施設は大学付属であり，700人の子どもにシンハラ語で実践的な学習を提供している。子どもたちは幼少期から学校教育の準備として様々な活動に参加することにより，正念を習得し，思考，創造性，身体的健康を発達させる。そして，開放性と柔軟性を身につけ，創造性を含めた新しいスキルや第二言語としての英語を習得することができる。就学前教育のアプローチは，活動を通して思考，身体，精神の発達を同時に促進することである。そのために，語学学習，社会的スキル，身体的スキル，知的スキルを高めるグループワーク，多様な背景を持つ他者との深い交流等が行われる。

スリランカには未だに貧困や失業に苦しむ人々が存在する。技術教育職業訓練省との共同プロジェクトを通じて，学生が全国職業資格（NVQ）4級までを取得できる課程を設けている。技術訓練には接遇，大工，裁縫等の分野がある。コンピューター施設もあり，子どもや大人を対象に，現代社会に必要な教室を開講している。

こうした教育は僧侶や健康な子どものためだけに提供されているのではなく，特別な支援が必要な子どもにも提供されている。ボーディラージャ特別支援学校は特別な配慮が必要な子どもたちのために開設された。知的障害や身体障害のために生活上の困難がある子ども，両親に捨てられたり認知されなかっ

たり貧困のために孤児となったりした子ども，素行矯正困難と判断された子どもたちのための施設である。男女合わせて28人の子どもが現在在籍しており，訓練を受けた教師から無償教育を受けている。この学校の目的は，子どもたちが社会参加し，当たり前の生活を送ることである。

　仏教は親愛と共感を強く主張する。牛の保護活動が，仏教の生きとし生けるものの不殺生と慈愛を象徴する実践である。2000年以来，この財団によって1万頭以上の牛が屠殺師の刃から救われた。また，貧しい村人に牛を提供する奉仕活動も行っている。牛を得ることで，牛乳から栄養を摂り，肥料をつくり，販売用や個人用に乳製品をつくることができるため，生活の質が高まる。この優れた活動は台湾のハイタオ大師とライフ・テレビ局の有志によって運営されている。同財団は病気や高齢の牛，捨てられた牛のためのシェルターを提供する等，牛の保護区域の運営も行っている。常勤従業員によって牛の健康状態が観察され，必要に応じて地域の獣医による治療を受けさせる。

　さらに，いくつかの児童施設も運営している。メッセワナの家は障害のある男児を支援し，健全で全人的な方法により，自尊心と自信を育み，生活の質を高めることに努めている。プログラムを修了した男児は社会へ参画していく。同様に，ウィサカの家は，民族や信仰の背景に関係なく，性的虐待を受けた女児のための住居施設である。同施設では，18歳以下の女児が成長し，子どもを産み，虐待から回復し，健康的生活基盤を築くための，安全で安心な居場所を提供している。愛情あふれる寮母やスタッフの下で，少女たちには，医療，教育，育児指導を受け，将来のために安定した収入を得る機会も提供される。ボーディラージャ子どもの家は30人以上の孤児を保護している。その中には捨て子や，崩壊した家庭の出身で虐待を受けた子どももいる。このプログラムはサバラガムワ州庁保護観察・児童支援・社会福祉局と連携している。

　ソービタ導師は高齢者介護施設も運営している。これらの施設は，家族から支援が得られない高齢者を対象に，愛情と尊厳を持って歳を重ねるための親身な介護を提供している。2004年のスマトラ島沖地震の津波に伴う災害により，スリランカでは3万人以上の人が亡くなり，何千もの世帯が家を失った。被災

者を救うため，スリー・ボーディラージャ財団は台湾の慈済基金会，シンガポールの赤十字，その他多くの個人や組織の協力を得てメッセワナのプロジェクトを実施した。その結果，700戸の仮設住宅を津波被災者に提供し，生活再建を支援した。1994年には世界銀行の援助を受け，地域社会の用水プロジェクトを開始した。現在，8村で1,400世帯が裨益している。パイプを通った水の利便性により，女性は家事や収入を得る活動の時間が増え，子どもは学校に遅れずに行けるようになった。ソービタ導師がその他に実施したソーシャルワーク活動には，有機肥料製造，月曜日に寺院敷地内で開催される農業市，献眼プログラム，葬儀関連プログラム等がある。

(4) パンニラ・アーナンダ師

　パンニラ・アーナンダ師は，保健と教育こそ社会の利益と福祉のために発展させるべきと信じ，ソーシャルワークを行う僧侶の中心的存在となった人物である。アーナンダ師は日本に対する感謝の意を表すために，日本で高等教育を受けるための奨学金を設立した。これが転機となり，スリランカの僧侶が初めて日本の奨学金を受けて，大阪外国語大学や京都大学で学ぶきっかけとなった。また，ワルポラ・ピヤナンダ師の支援を受け，現代の米国に仏教を広めた第一人者でもある。彼らは多大な努力により，多くの困難を乗り越えた。のちにこの経験が，アーナンダ師の社会奉仕の活動に役立つことになる。そのソーシャルワークにおける活動は，社会，教育，宗教，文化の領域で花開いた。

　アーナンダ師は若い頃から様々な災害により被災した社会やその住民に仕えることを厭わなかった。2004年，スマトラ島沖地震の津波による災害によって，3万人以上の人が命を落とし90万人が家を失った。被災者のために，アーナンダ師は米国や台湾の支持者とともに336軒の住宅を建設した。また，津波再建プロジェクトには，2つの就学前教育施設，3つの祭祀場，2つの寺院の部屋，一つの学校の建設が含まれる。津波で自宅を失った人々だけでなく，貧困により自宅を失った人にも同情し，32軒の住宅を建設した。2000年には北東部のLTTE支配地に隣接する村人のために物資供給を行った。国内には現在も洪

水に見舞われる地域がある。同師は洪水の被災者の救済にも関わってきた。た
とえば，マルワナ地域の洪水の被災者に家具を提供し，ブラスシンハラ地域の
被災者には800個以上のガス・バーナーを提供した。

　アーナンダ師による活動の主なテーマの一つは，国内の保健の向上であっ
た。スリランカの保健向上のために様々な奉仕を行った。ワスピティワラ基幹
病院の小児科病棟に医療機器を寄贈し，新しい小児科病棟や僧侶のための施設
を建設した。病院における主要な問題であった肺結核病棟も，同師により建設
された。さらに，ニッタンブワ共同病院に救急車を寄贈した。

　同師による社会奉仕で最も顕著なものは，教育への貢献である。なぜなら，
教育こそが国の大成のための最優先事項であると信じていたからである。僧院
を開設し，僧侶らに宿舎やその他必要な物を提供し，教育を施した。2004年
から2019年まで，同師は2階建や3階建を含む19の校舎を建設した。2004
年にアッタナガラ仏教学校に3階建ての校舎，2005年にヤティヤナ・ジャヤ
ワルダナラマ仏教学校の校舎を建設した。それ以降も，2013年にワルポラ・
マハー・ウィッディヤーラヤ，2014年にウラポラ中央カレッジ，2016年にカ
ンブラガッラ・カレッジ，2017年にマヒヤンガナヤ民族学校，キリンディウェ
ラ・サンガミッター女子カレッジ，セント・マリー・カレッジ，ティハリア・
アル・アフシャール・ムスリム・カレッジ，アラヴァラ・カレッジ，2018年
にエラカラ・カレッジ，ウェーヤンゴダ・プレジデント・カレッジ等のために
3階建ての校舎を建設した。成績優秀だが学歴において不利な学生のために，
1,260カ月の奨学金も設けた。さらに，仏塔，大乗（マハーヤーナ）の像，仏教
祭祀場，僧侶の寮，図書館等を建設することで，親愛の精神を広めながらソー
シャルワークの活動を探求してきた。

(5) ボーダーガマ・チャンディマ師

　ボーダーガマ・チャンディマ師もまた，仏教ソーシャルワークの中心的な僧
侶であり，台湾の寄付を通じてスリランカに貢献した。スマトラ島沖地震の津
波に伴う災害により自宅を失った人々のために住居を建設し，日常生活を維持

するために多くの物資を提供した。同師は，教育こそ諸個人が求めるものであ
ると信じ，その使命として教育を最優先にした。そのため，仏教に注意を払い
ながらも，教育分野において大きく貢献した。同師が設立した図書館は，ブッ
ダの教義の原典を含むパーリ語の聖典，精神的な健康を維持するための仏教祈
祷を含むピリウェナの読本，「ブッダが説いたこと」（ワルポラ・ラーフラ著）の
ような仏教書籍，法句経（ダンマパダ），英文のダンマ教本等を所蔵しており，
500以上の分野とテーマに渡る。同師は選抜された学生に対して世界水準の教
育を受けさせるための奨学金も提供している。

　以上はスリランカの僧侶が行ったソーシャルワークの中で顕著な活動の一部
である。同様に，スリランカのすべての僧侶はソーシャルワーカーであり，決
して利己を追求しない。国民が危機的状況や困難に直面した時，僧侶は自己利
益のためではなく，人々を支えるために最前線に立つのである。

参考文献

注：すべての三蔵（ティ・ピタカ）の情報は，*Buddha Jayanti Tripitaka series* (2006).
　　Nedimala: Cultural Centreからの引用である。また，以下の文献は二次資料である。

Ghnanarama, P. (2016). *Mul Budusamaya Ha Vivarana Getalu* [*Early Buddhism
　　and problems of interpretation*]. Colombo: Tisarana Religious & Education Centre.

Handbook. (1993). *Introduction to Sri Bodhiraja Foundation.* Bodhiraja Foundation
　　Embilipitiya.

Kosambi, D.D. (n.d.). *The culture and civilization of ancient India in a historical
　　outline.* http://vidyaonline.org/dl/cultddk.pdf

Mahinda, D. (1986). *Nirvanaya Saha Sadacaraya.* Nugegoda: Dipani Printers &
　　Publishers.

Sudusimha, S. (2010). *Pannila Ananda Nayaka Hamuduruwo.* Colombo: Dayawansa
　　Jayakodi Publishers.

Uvias, R. (2007). A life dedicated to social work. *Daily Mirror.*

Weber, M. (2012). *The religion of India.* Delhi: Munshiram Manoharlal.

第7章　現代世界における紛争解決に関する仏教的視点

Bamunugama Shanthawimala（バムヌガマ・シャーンタウィマラ）

　「戦場において百万人に克つとしても，唯一の自己に克つ者こそ最上の勝利者である」。法句経（ダンマパダ）にあるこの言葉は，他者に勝つのではなく，我々が自分自身に克つ，ということの重要性を意味する。ブッダのこのメッセージは，世界中のあらゆる場所で，新たな紛争が起き，混乱渦巻く現代において，これまでにない意義を持つ。

　ジョナサン・グローバーは『人間性―20世紀道徳史』の中で，第一次世界大戦，第二次世界大戦，ベトナム戦争，朝鮮戦争，その他の内戦および紛争の犠牲者総数が1900年から1989年の間に8,600万人であった，と推計している。また，2019年2月1日，米国は中距離核戦力全廃条約を破棄し，ロシア連邦も条約義務履行の停止を宣言した。この条約は，ソビエト連邦時代の1987年に締結され，効力を発揮してきた。強大な力を持つ二国間のこの条約は，2,600ものミサイルの廃棄に貢献した。現在この条約は失効し，新たな核兵器開発競争が始まっている。さらには，中東やその他の地域における紛争には終わりがないようにさえ感じられる。この小さな地球にいかなる未来が待っているのだろうか。

　さて，様々な技術が紛争解決のために開発されてきた。宗教はどのような役割を果たすだろうか。これは重要な問いである。なぜなら，いくつかの宗教はそれ自体が紛争の要因となっているかのようにさえ見えるからである。仏教は平和と非暴力（アヒンサー）の宗教と考えられており，仏教には「聖戦」という概念は存在しない。ブッダは平和の説教者である。

　仏の教えでは紛争の原因の一つは思考から始まる。その教えは，内なる平和と我々が生活する外の世界の平和を手に入れるために必要な多くのことを教えてくれる。仏の教えはいつの時代にも，誰にとっても適用できるものであり，古代インドに限る内容ではない。

　紛争の内なる要因とは何か。力，愛欲的な喜びへの欲望，憎悪，恐れ，うぬ
ぼれ，嫉妬，自制の無さ等が主要因である。つまり，良い精神，優しさ，分か
ち合う心，美徳，瞑想等の修行が重要であり，とくに慈しみの心（メッター）
や四無量心（ブラフマ・ヴィハーラ）を実践しなければ，紛争は個人内や外の世
界で巻き起こるのである。

　チューラ・ドゥッカカンダ経（苦蘊小経）は，貪欲による紛争について触れ
ている。「さらにまた，貪欲が原因となり，引き金となり，根拠となり，国王
たちは他国の国王と，貴族は他の貴族と，バラモンは他のバラモンと，家長は
他の家長と，子は母と，母は子と，子は父と，父は子と，兄は妹と，姉は弟と，
友人は友人と争っている。そして，彼らは争いの中で，拳，土の塊，棒，ナイ
フにより相手を攻撃し，殺したり大怪我を負わせたりする。目に見える膨大な
ストレスは貪欲が原因なのである。」と。

　増支部経典（アングッタラ・ニカーヤ）のマハーヴァッガに含まれるムーラ経
において，ブッダは力に対する欲望が，多くの人々を，とりわけ政治的な力を
持った人々を苦しめる，と述べている。欲自体に力は無い。また，身体，演説，
知性で彩られたように見える欲深い人も無力である。（精神が欲望に支配され蝕
まれた）欲深い人はいかなる苦においても，他者を殴ったり，閉じ込めたり，
没収したり，非難を浴びせたり，罰を与えたりして苦しめる。その時，欲深い
人は「私には力がある。私には力が必要である。」と考える。これも無力なも
のである。このような多くの邪悪で無力な性質や出来事は，欲望から生み出さ
れ，欲望を起源として，欲望によって条件づけられ，現実に起こるのである。
同様のことが不健康，憎悪，妄想についても言える。

　このような人々は間違った時に話したり，事実無根なことを話したり，無関
係なことを話したり，仏教に反することを話したり，規律に反することを話し
たりする。なぜなら，「私には力がある。私には力が必要である。」と考えなが
ら，他者を殴ったり，閉じ込めたり，没収したり，非難を浴びせたり，罰を与
えたりして苦しめるからである。そのような人々は，事実無根と言われてもそ
れを否認し，「事実無根である。根拠がない。」と言い返し，解決する努力を見

せない。

　内なる平和と外の世界の平和を実現するために，善行とともに，修行によって自己の精神が育まれる必要がある。一般的に人は洗練された教育を受け，人生の様々な場面で知識を深めることはあっても，「修行」することはない。

1　社会紛争の心理的要因

　以下に列記するように，紛争の原因には内なる心理的な要因と外的な要因とがある。

・3つの根本的な煩悩（三毒）：熱望（貪：ローバ），憎悪（瞋：ドーサ），錯誤（癡：モーハ）

・4つの心の悩み（漏：アーサヴァ）：肉体的な喜びに関する煩悩（欲漏：カーマーサヴァ），根本的な存在に関する煩悩（有漏：バヴァーサヴァ），誤った見解から生じる煩悩（見漏：ディッターサヴァ），根本的な無知に関する煩悩（無明漏：アヴィッジャーサヴァ）

・偏見を生む4つの状況：執着（チャンダ），憎悪（ドーサ），恐怖（バヤ），錯誤（モーハ）

・5つの心を覆う障碍（五蓋）：愛欲に対する執着（カーマッチャンダ），憎悪（瞋恚：ヴャーパーダ），モヤモヤと濁った心（惛沈・睡眠：ティーナ・ミッダ），悔恨の念（掉挙・悪作：ウッダッチャ・クックッチャ），教義に対する疑い（疑：ヴィチキッチャー）

・7つの潜在的な悩み（七随眠）：欲望に対する悩み（欲貪随眠：カーマラーガーヌサヤ），怒りに対する悩み（瞋随眠：パティガーヌサヤ），誤った見解に対する悩み（見随眠：ディタヌサヤ），教義への疑いに対する悩み（疑随眠：ヴィチキッチャーヌサヤ），慢心に対する悩み（慢随眠：マーナーヌサヤ），根本的な生存における欲望に対する悩み（有貪随眠：バヴァラーガーヌサヤ），根本的な無知に対する悩み（無明随眠：アヴィッジャーヌサヤ）

・10の煩悩による束縛（結）：「我」があるという誤った見解（有身見：サッカーヤ・ディッティ），教義に対する疑い（ヴィチキッチャー），他の教えだけが

正しいという誤解（戒禁取：シーラッバタ・パーラマーサ），欲界（欲に満ちた
物質的な世界）における欲望（欲貪：カーマラーガ），憎悪（ヴャーパーダ），
色界（物質的なものだけが残る世界）における欲望（上色貪：ルーパラーガ），
無色界（純粋な精神のみが残る世界）における欲望（無色貪：アルーパラーガ），
慢心（慢：マーナ），悔恨（掉挙：ウッダッチャ），無知（無明：アヴィッジャー）

・17の煩悩：貪欲（アビッジャー），熱望（ローバ），憎悪（ヴャーパーダ），憤
怒（コーダ），恨み（恨：ウパナーハ），偽善（マッカ），頑固さ（パラーサ），嫉
妬（イッサー），物惜しみ（マッチャリヤ），幻影（マーヤー），誑かし（諂：シャー
ティヤ），強情（タンバ），憤激（サーランバ），慢心（慢：マーナ），過慢（アティ
マーナ），おごり（驕：マダ），怠惰（パマーダ）

我々は皆，程度の差こそあれ，これらの煩悩を抱えている。これは自己と他
者にとって危険であることを示唆する。業（カンマ）の法則によると，「生きも
のは自己の行動の主であり，行為の後継者であり，行為の生みの親であり，行
為によって結びつき，行為は媒介者となる。行為こそが人間を瑣末な存在か，
洗練された存在かを区別するものである。」とされる。チューラ・カンマヴィ
バンガ経（小業分別経）では，「人殺しの女や男がいた。暴力的で，血まみれの
手をし，殺しや虐殺をし，生き物に慈悲を見せなかった。こうした行為を受け
入れ実行すると，死後に体が分解され，剥奪の地，邪悪な道，位の低い領域，
つまり地獄に再生する。地獄で再生しなければ，人間の状態で輪廻し，どこで
生まれようと短い生涯を送る。これが短い生涯を送る道筋である。」とされる。

暴力に関わっている者は誰であれ，長い痛みと苦を引き継いでいる。紛争の
内なる要因を取り除くために，まずは外的な暴力を自制しなければならない。
習慣（戒：シーラ）と美徳の実践が必要となるのはこのためである。五，八，十
の戒において，最初のものはいかなる生き物も傷つけないこと（不殺生）であ
る。

受戒した僧侶（比丘）で，誰かを殺したり誰かに人を殺させたりした人物は，
即座に仏教の道から追放される 。

新しい僧侶への指導には，「受け入れられた僧侶は，たとえ黒蟻や白蟻であっ

ても，生きものから命を奪ってはならない。2つに砕かれた硬い巌が再び元に戻ることはないように，人間の命を奪った僧侶は瞑想的ではなく，釈迦の息子として認められない。人生をかけてこのような行いをしてはならない。」というものがある。

　つまり，生けるものを殺すことや，他の比丘に対する身体的な暴力に対する戒律の項目（シッカーパダ）はほぼ無く，怒りに任せて他の僧侶に手をあげることは僧院の規則により許されない。

　増支部経典（アングッタラ・ニカーヤ）に記録されているように，業の規則の利点は次のように解説される。「高貴な者の弟子らが，命を奪うことを止める場合がある。そうすることで，危険から逃れ，敵意から逃れ，限りない数の存在に対する抑圧から逃れることができ，それを共有することさえできる。これが最初の贈り物，つまり疑いなく太古から続く伝統的で独自の偉大な贈り物であり，知識の豊富な修行者やバラモンから非難されないものである。」と。

2　紛争の社会的条件としての煩悩

　ブッダが述べた他の要因が煩悩（アーサヴァ）を引き起こすとされ，紛争につながると言われる。ブッダは僧院の規則を指してこれについて語った。その要因を統制するために，律蔵（ヴィナヤ・ピタカ）に実践の規則を定めた。以下の4つの主要因が紛争のきっかけとなる。それらは仏教僧団（サンガ）における社会的要因でもある。
　・人口増加（ヴェプッラ・マハッタター）
　・富の増加（ラーバッガ・マハッタター）
　・長年の経過（ラッタンニュ・マハッタター）
　・知的成長（バーフサッチャ・マハッタター）

3　煩悩を断絶する方法：サッバーサヴァ経（一切漏経）

　従うべき内なる実践が次に来る。それらは倫理や瞑想等に関連する。ここでは詳述しないが，下記のものが含まれる。

・観察（ダッサナ）

・防護（サンヴァラ）

・受用（パティセーヴァナ）

・忍辱（アディヴァーサナ）

・回避（パリヴァッジャナ）

・除去（ヴィノーダナ）

・修習（バーヴァナー）

4　不健全な思考を断絶する方法：ヴィタッカサンターナ経 (考想息止経)

　不健全な思考を断絶する方法 としてのヴィタッカサンターナ経には以下のものが含まれる。

・健全な思考を取り入れること（アンニャ・ニミッタ）

・不健全な思考の欠点を鑑みること（アーディーナヴァ）

・不健全な思考に注意を払わないこと（アサティ・アマナシカーラ）

・不健全な思考の根源を鑑みること（ヴィタッカ・ムーラベーダ）

・抑制により不健全な思考を手放すこと（アビニッガハナ）

5　比丘律における7つの紛争解決の手段：アディカラナ・サマタ (滅諍)

　比丘律における紛争解決の手段としての滅諍には以下のものがある。

・現前毘尼：紛争に関わる両者がいる場で裁判を行う規定（サンムカー・ヴィナヤ）

・憶念毘尼：記憶を採用した潔白による無罪規定（サティ・ヴィナヤ）

・不癡毘尼：心神耗弱・心神喪失による無罪規定（アムーラ・ヴィナヤ）

・自言治：自白を認めるが，責められている内容が確かめられない場合は，糾弾の疑いを免れる規定（パティンニャータ・カラナ）

・多人語：有能な人々の大多数により解決する規定（イェー・ブッヤシカー）

・覚罪相：矛盾する発言をした人の罪を糾弾する規定（タッサ・パーピッヤシカー）
・如草覆地：地域社会内で解決できるような見解の相違から生じる単純な問題を和解させる規定（ティナヴァッターラカ）

6　調和を維持するための 6 つの方法：コーサンビヤ経（憍賞弥経）

調和を維持する方法としてのコーサンビヤ経には以下のものが含まれる。
・親愛を身体的行動で表すこと
・親愛を発言で表すこと
・親愛を精神的行動で表すこと
・手に入れたものを共有すること
・地域社会の内外で同様の美徳的基準を維持させること
・地域社会の内外で正しい価値観を維持させること

7　紛争解決の模範的存在としてのブッダ

　紛争を解決する模範としてのブッダにまつわる様々な逸話がある。まず，弟子とするまでアーラヴァカの命令に従った。そして，シャーキャ族とコーリヤ族がローヒニー川の水を巡って争いを始めようとした時，水よりも人々の命が大切であると，知見に基づいて示した。さらに，社会のカースト制度を激しく批判し，様々な社会的立場の人々で構成される僧院組織をつくり上げた。

　また，ブッダは犯罪を減らすために貧困を軽減するように統治者に助言した。クータダンタ経（究羅檀頭経）において，ブッダはある物語を伝えている。指導者であったバラモンが王に次のように進言したという。「陛下，王国は困窮し苦しんでいます。周辺国には盗賊がいて村や町を乗っ取ろうと企み，道も危険な状態になっています。かような状況である限り，王が税金を徴収しようとすることは実に誤った行為であります。しかし，もしかすると，王はこう考えるかもしれません。左遷，罰，罰金，拘束，処刑によって，すぐに悪党の活動を止めることができると。しかし，彼らの悪行はそのような方法では十分に

抑え込むことはできません。罰せられずに残った者たちが王国を苦しめ続けるでしょう。これを終息させるために取るべき方策は1つです。王国で牛を飼う者や農家として働いている者に，王が食料やトウモロコシの種を与えるのです。王国で貿易をしている者に，王が資本を与えるのです。王国の行政に仕える者に王が賃金と食料を与えるのです。そうすると，彼らは自身の商売に集中し，王国を苦しめることは無くなり，王の財産も増えるでしょう。そして，王国には平穏が訪れます。民衆は互いに喜び合い，幸福となり，子どもを抱えて踊り，扉を開けて暮らすようになるでしょう。そのため，社会政治的なニーズも成熟した方策により解決する必要があります。」と述べた。

おわりに

　淑徳大学アジア国際社会福祉研究所より本書の日本語版の編集の依頼をいただいたのは 2020 年の初夏であった。2020 年 3 月に発刊された原著・英語版の分析の一部（3-2 節）を執筆させていただいた経緯もあるが，日本語版の作成にも関わらせていただけたことは大変貴重であり，光栄であった。

　他方，本書の編集をお引き受けした頃，新型コロナウイルス感染症（COVID-19）が世界規模で流行しており，いわゆるコロナ禍により，重苦しい雰囲気が漂う日常の中での作業となった。本来であれば，各執筆者との疑問点の確認等のために，スリランカに渡航できればとの願いもあったが，残念ながら，今回は叶わなかった。

　しかしながら，本書の編集や校閲を通じて，スリランカの仏教ソーシャルワークに関する調査報告や論考を改めて読み返しながら，執筆者との紙面上での「対話」を行うことができた。それは，各執筆者の記述を通して，ブッダの時代から受け継がれてきた知と実践に触れ，思いを馳せる旅路であった，ともいえる。本書の発刊により，日本の読者とも，スリランカの仏教と仏教ソーシャルワークの経験を分かち合えることを嬉しく思う。

　本書の編集を終えた今，スリランカの仏教ソーシャルワークの議論のさらなる発展を期待したい，と強く思う。たとえば，スリランカは多宗教・多民族国家であり，本書でも宗教的な少数派との関係性について一部触れられてはいるが，宗教的また社会文化的に多様な文脈における仏教ソーシャルワークのあり方に関する議論がさらに求められるのではなかろうか。また，本書の知見を踏まえて仏教ソーシャルワークの教育と実践が発展し，それらが再び記述され受け継がれていくことも求められるであろう。さらには，本書でも述べられているように，スリランカの仏教ソーシャルワーク実践は他のアジア諸国等においても示唆を与えてきたものであり，仏教ソーシャルワーク自体へのさらなる発展にも寄与することが大いに期待される。スリランカの仏教ソーシャルワーク

と，ポストコロニアル・ソーシャルワーク（postcolonial social work）やインディ
ジナス・ソーシャルワーク（indigenous social work）等との関連性についての議
論もより活発に行われていくのではなかろうか。

　本書の作成過程の中で，執筆者と研究協力者の先生方から学ぶことは多かっ
た。そして，本書にかかる作業は，編者一人では到底完了することができな
かった。あらためて，執筆者と研究協力者の先生方，田中千津子氏をはじめと
する学文社の関係者の皆様，そして，このような機会を与えていただいた淑徳
大学アジア国際社会福祉研究所の秋元樹教授に深く感謝申し上げたい。

　令和 2 年 12 月 14 日

東田　全央

執筆者・研究協力者一覧

編者

東田　全央 (Masateru Higashida)
　　青森県立大学健康科学部社会福祉学科助教
　　淑徳大学アジア国際社会福祉研究所リサーチ・フェロー
　　博士 (人間科学) (大阪大学)，社会福祉士・精神保健福祉士

英語版編者

秋元　樹 (Tatsuru Akimoto)
　　淑徳大学アジア国際社会福祉研究所所長・特任教授

分担執筆者

オーマルペー・ソーマーナンダ (Omalpe Somananda) (第1章)
　　スリランカ仏教パーリ語大学仏教学部仏教文化学科上級講師
　　淑徳大学アジア国際社会福祉研究所客員研究員

H.M.D.R. ヘラ＊ (H.M.D.R. Herath) (第2章・第4章)
　　ペラデニヤ大学教養学部社会学科 (スリランカ) 学科長・上級講師 (第2章執筆時)
　　ペラデニヤ大学　名誉教授 (第4章執筆時)

アヌラダ・ウィクラマシンハ＊ (Anuradha Wickramasinghe) (第2章, 第3章, 第5章)
　　仏教ソーシャルワーク教育学院 (スリランカ) 上席委員
　　スリランカ・ルンビニー開発トラスト　所長 (第2章, 第3章 3-1節執筆時)
　　スリランカ小規模漁業者組合　会長 (第5章執筆時)

東田　全央 (Masateru Higashida) (第3章)
　　青森県立大学健康科学部社会福祉学科助教
　　淑徳大学アジア国際社会福祉研究所　リサーチ・フェロー

ペピリヤーワラ・ナーラダ (Pepiliyawala Narada) (第6章)
　　ケラニヤ大学文学部パーリ語・仏教学科 (スリランカ) 助講師

バムヌガマ・シャーンタウィマラ (Bamunugama Shanthawimala) (第7章)
　　ペラデニヤ大学教養学部パーリ語・仏教学科学科長

研究協力者
藤森　雄介　淑徳大学アジア国際社会福祉研究所教授
郷堀ヨゼフ　淑徳大学アジア国際社会福祉研究所准教授
吉澤　秀知　淑徳大学・大正大学兼任講師
シリパーラ・ウィラコーン (Siripala Weerakoon)　JICA 駒ヶ根訓練所シンハラ語講師

* 人名のカタカナ表記について，H.M.D.R. Herath は H.M.D.R. ヘーラット，Anuradha Wickramasinghe はアヌラーダ・ウィクラマシンハの方が適切であると考えるが，既出の表記に従った。

研究シリーズ　仏教ソーシャルワークの探求 No.5
スリランカにおける仏教ソーシャルワーク

2021年3月10日　第1版第1刷発行

監修者　郷堀ヨゼフ
編　者　東田　全央

発行者　田中　千津子

発行所　株式
　　　　会社 学 文 社

〒153-0064　東京都目黒区下目黒3-6-1
電話　03（3715）1501 ㈹
FAX　03（3715）2012
http://www.gakubunsha.com

© 2021 Asian Research Institute for International Social Work, Shukutoku University
Printed in Japan
印刷　新灯印刷（株）
乱丁・落丁の場合は本社にてお取替えします。

ISBN978-4-7620-3051-2

淑徳大学アジア国際社会福祉研究所　監修　郷堀 ヨゼフ

仏教ソーシャルワークの探求

研究シリーズ　　　　　　　A5判　上製